필리핀에서 목회하는 목사가 풀어놓는 이야기

하늘의 소리

도서출판 굿웨이
Goodway

하늘의 소리

지은이	김낙경
펴낸곳	도서출판 굿웨이
초판인쇄	2012년 11월 30일
초판발행	2012년 11월 30일
등록번호	2010-1
등록일	2010년 5월 6일
주소	충남 논산시 강경읍 대흥리 10-206
전화	041) 745-0740
디자인	서재선

책값은 뒤표지에 있습니다.
ISBN 978-89-965178-7-0

ⓒ 굿웨이|GoodWay

너희는 길에 서서 보며 옛적 길 곧 선한 길Good Way이 어디인지 알아보고
그리로 가라 너희 심령이 평강을 얻으리라 예레미야6:16

필리핀에서 목회하는 목사가 풀어놓는 이야기

하늘의 소리

김낙경

도서출판 굿웨이
Goodway

| 06 | 서문 |

내 사는 동네 이야기

10	구름을 보는 마음
14	신고식
17	마킬링
22	속 터지는 일 없이 필리핀을 알 수 있는가?
26	사서 고생하기
30	참기름, 그 고소함에 대한 아쉬움
33	새로 생긴 신호등
36	떠나는 이들에 대하여
38	잠들기 좋은 집
41	물 이야기
44	아이타스, 선교지 현장을 그리다
47	약속시간을 위해서 뛰어라
50	만왕의 왕, 예수 그리스도
53	홀연히, 언제나 경쾌하게
56	하나님께 연결되기
59	어느 선교사님의 기도문
63	여기가 좋사오니
66	무작정 용감하기
70	집에는 무엇이 필요한가?
74	지프니 공동체
79	하늘의 소리
83	어디서든 지켜보고 있습니다.
86	창고 세일

89	즐겁게 교통하라
92	트라이씨클에 놀라다
96	생명, 다시 얻은 생명
100	도마뱀이 나보고 놀라지 말라고 한다
104	내게서 풍겨나는 향기
108	부겐빌레아

168	가정예배
170	너도 그렇게 하라
173	빼빼로 데이
176	라면 한 봉지에 담긴 것
179	치사한 아버지
183	잊을 것과 기억할 것
186	치약 짜는 습관에 대하여

우리집 이야기

112	어린이 날
115	바이러스
118	세탁기
121	적극적으로 먹기
124	아깝지 않은 것
127	바닷바람
131	누군가 내 집에 들어올 때
134	다시 피어나는 생명이란
137	미리미리
140	둘이서 하나 공격하기
143	눈물을 흘려라, 얻을 것이다
146	얼굴에 행복을 드러낼지라
150	설날풍경
153	서당개
155	효도숙제
159	아내가 아플 때
162	허당
165	기대치

내마음 이야기

190	맛있는 선택
194	아날로그의 매력
198	남 웃기기
202	눈물
205	마음이란
208	다르다는 것
211	두려운 겸손
214	나이, 다시 생각하기
217	아! 망각이여!
220	음식 먹는 방법
224	I'm ok!
227	언어에 색칠하기
231	습관고치기
234	생각을 두는 곳은 어디인가요?
238	시간 늘이기

242 **감사의 글**

서문

필리핀에 도착한 이후로 다양한 소리들을 들을 수 있었습니다.

어떤 소리들은 정보가 담겨 있는 것이었습니다. 필리핀 생활을 어떻게 시작해야 하는지, 혹은 어떻게 하면 일을 쉽게 할 수 있는 지에 대한 것입니다. 전혀 경험하지 못한 것이기 때문에 먼저 와서 경험한 이들의 소리에 신기한 듯 다가섭니다. 돈을 주고 그러한 정보를 사는 사람들도 있습니다.

그런가 하면 유익하지 않은 소리들이 있습니다. 필리핀의 문화를 무시하고 살아가는 사람들이 겪은 어려움에 관한 것이 대부분이었습니다.

태풍으로 인하여 며칠 동안 전기를 이용할 수 없었던 이야기, 강도 만난 이야기, 법적인 피해를 당한 이야기, 현지인과 부딪치며 힘들었던 이야기들입니다. 때로는 오래 전 이야기거나, 아주 드물게 일어나는 일 더 이상 일어나지 않는 일이 많습니다.
  계속해서 반복해 들리는 소리,
  과장된 이야기,
  부정적인 이야기,
  답답한 이야기,
  두려운 이야기,
  어려운 이야기들이 많았습니다.

  5년 째, 필리핀에 살면서 매주 글을 썼습니다. 한 주간 돌아보면서 하나님께서 의미를 부여해 주시는 소리를 들으려고 했습니다. 하나의 사건은 사건으로 끝나지 않았습니다. 그 사건을 통하여 긍정을 보려고 했습니다. 사건을 통해서 말씀하시는 하늘의 소리에 귀를 기울였습니다. 사건에 대해서 세밀하게 생각하고, 그 사건이 하나님의 시각으로 어떤 의미가 있는지를 보려고 했습니다.
  놀랍게도, 모든 상황에서 하나님은 말씀하고 계셨습니다. 모든 상황에서 교훈을 얻을 수 있고 감사할 수 있었습니다.
  세상은 참으로 시끄럽습니다. 때로는 듣지 말아야 할 소리들이 쏟아져 나옵니다.
  "마닐라"라고 하는 복잡한 도시에 살면서 복잡한 소리들을 들어야만 했습니다. 그렇지만 그 가운데서도 잠잠히 말씀하시는 하나님

의 소리를 들으려고 했습니다. 내가 듣고자 했을 때 하나님의 소리는 명확하게 들렸습니다.

  이 글을 쓰면서, 누구나 혹은 어디에 있든지 간에 하늘의 소리를 들을 수 있다는 확신을 갖습니다. 그 소리가 들리지 않는 것은 어쩌면 세상의 시끄러운 소리에 귀 기울였기 때문일 것입니다. 내가 듣고 싶은 다른 소리가 있기 때문일 것입니다.

  마닐라에 살면서 남들이 겪는 어려움들을 비슷하게 겪으면서 들려진 하늘의 소리를 글로 옮겼습니다. 이제, 그 하늘의 소리가 모든 독자들에게도 명확히 들려지기를 기대합니다.

구름을 보는 마음

"구름 참 예쁘다!"

교인들과 함께 차를 타고 가는 중에 초등학교 어린이가 차창 밖을 보면서 한 말입니다. 운전하는 중이었지만, 순간적으로 잠깐 지평선에 보이는 구름들을 보게 되었습니다. 순간, 너무 아름다운 구름이 펼쳐져 있었습니다. 차 안에 또래의 어린이들도 있었고 어른들도 있었지만, 구름을 보기보다는 하던 이야기를 이어나갔습니다. 함께 구름을 보았지만 동일한 감탄은 아닌 듯 했습니다.

필리핀의 구름, 그 아름답다고 표현하는 구름은 하얀색 뭉게구름입니다. 지평선을 중심으로 낮게 드리워져 있는 구름입니다. 석양이 질 때면 빨갛게 물드는 구름입니다. 우리나라의 가을에나 볼 수 있는 구름입니다. 그러나 우리나라의 뭉게구름과 다른 점은 고개를 들고 하늘을 쳐다보아야만 볼 수 있는 것이 아니라, 내가 보는 방향에 펼쳐져 있다는 것입니다. 편안하게 볼 수 있다는 것입니다. 차를 타고 가면서 차창 밖으로 고개를 돌리면 언제든지, 누구나 볼 수 있는 구름들입니다.

필리핀의 구름! 어쩌면 우리는 태풍을 몰고 오는 구름만을 기억하고 있는 것은 아닐까요? 비를 내리는 구름, 강풍을 동반하는 구름들도 필리핀의 구름입니다. 현지에 사는 이들에게 피해를 가져오는 구름입니다. 우기철의 구름은 갑자기 몰려와서 한 시간 동안 비를 퍼붓고 사라집니다. 언제 구름이 있었는가 싶을 정도로 하루에 한두 번 비를 내리는 구름입니다. 이런 강한 느낌의 구름만을 '필리핀의 구름'으로 기억하고 있지는 않는지요?

평소에 "필리핀의 구름은 참 아름답다."라는 생각을 했습니다. 새벽기도를 마치고 돌아가는 길에 보는 구름은 아름답습니다. 떠오르는 태양으로 인해 붉게 물든 구름입니다. 비록 빌딩 숲 사이로 보는 구름일지라도 색다른 느낌을 가져다줍니다. 그때 하는 말이 "구름, 참 아름답다!"입니다.

어느 선교사님이 필리핀에 방문한 가족들에 대한 이야기를 하셨습니다. 어머니와 이모님을 모시고 관광지를 돌아보는 중에 어머니께서 그런 말씀을 하셨다고 합니다. "나는 필리핀의 어느 관광지를 다니는 것보다 구름을 보는 것이 더 행복하다." 필리핀 최고의 볼거리는 '구름'이라는 것입니다. 같은 차를 타고 가더라도 구름이나 아름다운 자연환경 등, 아무것도 보지 못하는 사람이 있습니다. 고민할 일들이 너무 많아서, 혹은 그럴만한 여유가 없어서입니다. 마음의 분주함이 느긋하게 지평선을 바라보지 못하게 하는 것이겠지요.
　아름다운 구름은 해변에만 있는 것이 아닙니다. 휴양지에만 있는 것이 아닙니다. 아름다운 구름은 시간을 내서 교외로 떠나야만 볼 수 있는 것이 아닙니다. 휴가 때만 볼 수 있는 것이 아닙니다. 일상의 생활 속에서 "아름답다."라고 느낄 수 있는 마음으로 인해서 볼 수 있는 것입니다.

　이것이 예수님의 마음입니다. 주님께서 "들의 백합화를 보라."고 하셨습니다. 이스라엘에서는 우기철이 되면 흔하디 흔한 것이 들의 백합화라고 합니다. 그 당시, 그곳에 사는 사람들은 그것을 아름답다고 생각하지 못했을 것입니다. 그런데 주님께서는 그 흔한 들의 백합화를 향하여 "솔로몬의 옷보다 더 아름답다."라고 말씀하셨습니다.
　주님은 일상에서 아름다움을 볼 수 있는 마음을 가지신 분이셨습니다. 일상에서 아름다움을 볼 수 있는 마음, 필리핀의 생활에서 구름을 볼 수 있는 마음이 예수님의 마음을 담은 마음이 아닐까요?
　시간을 내서, 혹은 마음을 준비하여서 도로를 달려보면 어떨까요?

신고식

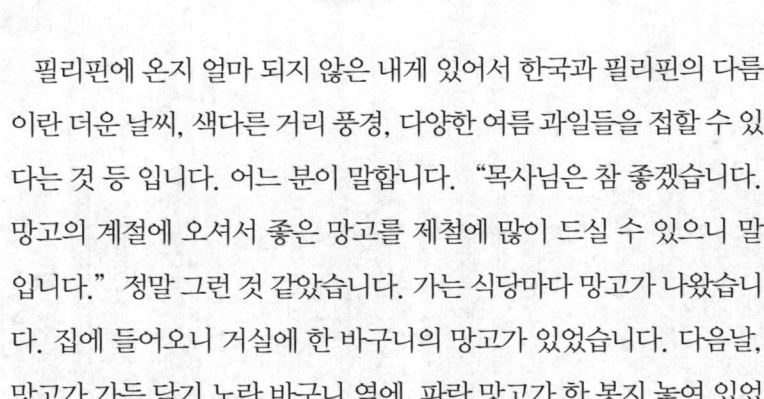

 필리핀에 온지 얼마 되지 않은 내게 있어서 한국과 필리핀의 다름이란 더운 날씨, 색다른 거리 풍경, 다양한 여름 과일들을 접할 수 있다는 것 등 입니다. 어느 분이 말합니다. "목사님은 참 좋겠습니다. 망고의 계절에 오셔서 좋은 망고를 제철에 많이 드실 수 있으니 말입니다." 정말 그런 것 같았습니다. 가는 식당마다 망고가 나왔습니다. 집에 들어오니 거실에 한 바구니의 망고가 있었습니다. 다음날, 망고가 가득 담긴 노란 바구니 옆에, 파란 망고가 한 봉지 놓여 있었습니다. 냉장고를 열어보니 거기에도 어김없이 망고가 있었습니다. 보내신 분의 정성을 생각해서 열심히 먹게 되었습니다. 맛 있어서 매 끼니 망고를 먹었습니다.
 누구에게 깎아 달라고 말할 것도 없었습니다. 부엌에 있는 칼로 사과 깎듯이 깎아서 매 끼니마다 몇 개씩 먹었습니다. 속으로 생각했

습니다. '이것이 필리핀의 맛인가?'

  그런데, 며칠 후 온 몸이 가렵기 시작했습니다. 귀, 손, 등, 눈언저리, 무엇보다 입술이 부어올랐습니다. 사람들에게 보이지 않는 부분이면 좋겠는데, 만나는 사람마다 염려 섞인 소리로 묻습니다. 힘들어서, 피곤해서 그런 것이 아니냐고 염려합니다. 가렵지만 않으면 좋겠는데 몸의 구석구석이 가렵습니다. 밤에 잠을 잘 이루지 못하기도 하였습니다. 급한대로 한국에서 가져온 알레르기 약을 먹고 연고를 발랐습니다. 그러나 효과가 없었습니다. 그 밤도 마찬가지였고 오히려 약 기운 때문에 더 힘들었습니다.

  급기야 장로님의 도움으로 병원에 가서 주사를 맞고, 약을 조제해서 집으로 돌아왔습니다. 원인은 망고 알레르기였습니다. 치료가 금방 되는 것은 아니었지만 온 가족의 관심을 받기에는 충분했습니다. 많은 사람들은 이미 알고 있었습니다. 망고에 알레르기를 일으키는 요소가 있다는 것을, 망고 알레르기로 고생한 사람이 많다는 것을 말입니다.

  저의 피부에 알레르기가 처음 나타났을 때 어떤 학생이 말했습니다. "목사님, 혹시 망고 드셨어요?" "망고 알레르기 같아요." 어떤 분은 말합니다. "혹시, 망고 뼈 있는 부분 드셨어요? 뼈 있는 곳은 드시면 안 되는데요" 나만 빼고 모두가 알고 있었습니다. 망고는 알레르기를 유발할 수 있다는 사실을 말입니다. 아내도 어느 정도 알고는 있었지만, 설마 내 남편이 이렇게까지 되리라고는 생각하지 못했다고 합니다. 딱히 망고 때문이라고 단정하기는 어려운 부분도 있지만, 필리핀에서의 신고식을 톡톡히 치른 것만은 분명합니다.

 이제 좀 살 것 같습니다. 필리핀에서는 건강이 중요하다는 사실을 알게 되었고 이제 필리핀 식의 체질로 조금씩 바뀌어 가는 듯 합니다. 어떤 분이 "더 많이 먹어서 면역력을 강화시키세요."라고 말합니다. 과일 하나에도 적응하는 데 시간이 걸렸습니다. 이제 필리핀의 문화에도, 언어에도, 생활에도 적응을 해야 합니다. 내 몸은 다양한 반응을 보일 것입니다. 때로는 아플 수 있으며, 때로는 행복할 수 있을 것입니다.

마킬링

  한국에서 한 달에 두 번 오르던 산을 필리핀에서는 1년에 두 번 올랐습니다.

  작년, 라구나에 있는 마킬링 산에 처음 오를 때는 한국에서 오르던 산과 전혀 달라서 산다운 맛을 느낄 수가 없었습니다. 소나무나 참나무를 볼 수 없었으며, 습한 기운이 한국의 산과 다르고, 아기자기한 산행의 맛을 전혀 느낄 수 없는 싱거운 산이었습니다. 그래도 경사진 산을 오른다는 것, 땀을 흘릴 수 있다는 것, 울창한 숲이 있다는 것이 나름대로 좋았습니다. 그런 기억때문에 지난 주에 다시 그 산을 찾았습니다.

  다시 찾은 산, 역시 산이 주는 매력은 필리핀에도 있었습니다. 이번에는 산에 낙엽이 많이 쌓여 있었습니다. 마침 비가 내린 이후인지라 촉촉이 젖은 낙엽을 밟으며 산행을 시작했습니다. 한국 새와 똑같이 노래하는 새가 있었습니다. 등산로를 타고 올라오는 바람은 "와!" 하고 감탄을 하게 만들었으며, 가슴 속까지 시원하게 만들었습니다. 산에서만 느낄 수 있는 매력, 바로 산 사람들끼리의 인사가 있습니다. 산에 오르면서 큰 배낭을 메고 내려오는 사람들과 인사를 나누었습니다. 산행하면서 마주 오는 사람과의 교감은 산행의 맛을 더해주는 것입니다. 한국에서라면 "수고하십니다."라는 인사를 주고받았을 텐데, 여기서는 "Hi~."라는 인사로 대신했습니다.

산은…….
그 동안의 답답했던 마음을 시원하게 해 주며, 마음을 넓게 만들어 주는 힘이 있습니다. 새 소리를 들으며 오르노라면 자연과 동화되는, 새로운 평안함을 느낄 수 있으며, 새롭게 무언가를 시작할 수 있는 힘을 얻게 됩니다.

산을 오르면서 내내 보였던 붉은색 야생화가 있습니다. 원래 야생화는 신경을 쓰고 보아야만 보이는 법, 의식하지 않으면 산을 다 내려와도 꽃이 있었는지도 모릅니다. 날씨가 흐려서 제대로 된 사진을 찍지는 못했지만 올라가는 내내, 그 꽃에 눈길을 둘 수 있었습니다. 그리고 궁금해졌습니다. 그 꽃의 이름이 무엇인지……. 산 중턱에 있는 조그만 가게에서 사람들에게 물었습니다.

"붉은색 꽃 이름이 무엇입니까?"

그 아주머니의 대답은 "붉은색 꽃"이었습니다.

제가 다시 물었습니다. "붉은색인 것은 나도 보았기 때문에 압니다. 이름이 무엇입니까?" 그 아주머니의 두 번째 대답은 "No name."이었습니다. 이름이 없다는 것입니다. 이 말이 정답이겠지요? 그분들은 꽃 이름이 궁금하지 않았을 것입니다. 그저 자신들의 삶 속에 언제나 함께 있었던 자신의 일부였을 테니까요. 굳이 이름을 불러줄만한 이유가 없는 것입니다.

내려와서 안내소에서 다시 물었습니다.

"붉은색 꽃 이름이 무엇입니까?"

그래도 나름대로 성의 있는 대답을 들을 수 있었습니다. "정확한 학명은 모르지만 이 지역 사람들은 그 꽃을 'Jacobina'라고 부릅니다."

혹, 다른 정확한 이름이 있을지라도 그 지역 사람들이 부르는 이름이 더 정확하겠다는 생각을 합니다. 늘 보는 사람들이 부르는 이름, 그 동네 사람들은 다 아는 이름, 혹은 통하는 이름입니다. 그 꽃이 어느 여인의 모습을 연상시켰는지……. 그들은 그 꽃에 '자코비나'라는 여성의 이름을 붙여 주었습니다. 아무려면 어떻습니까? 이름을 부르지 않아도 상관없지 않을까요?

산…….

주님이 오르신 산이 생각납니다. 주님은 산과 가까이 계셨습니다. 예수님께서 산에 오르셨을 때 사람들이 몰려들었습니다. 그때 주님은 그들에게 보배로운 말씀을 주셨습니다. 이름하여 산상수훈, 혹은 산상보훈(마태복음 5장~7장). 거룩하게 변화되실 때도 산 위에서였습니다. 마지막 땀방울이 핏방울이 되는 간구를 하실 때도 산 위에 서였습니다. 그곳은 주님께 평안한 곳이었고, 자주 찾고 싶은 곳이었습니다.

오랜만에 산에 오르면서 산이 주는 평안을 생각하고, 새롭게 사역할 수 있는 힘을 얻습니다.

- 산 이름 – 마킬링
- 위치 – 라구나 / UP(로스 바뇨스) 정문을 통하여 들어감
- 등산로 – 매표소에서 머드 스프링까지 3.8km
- 입장료 – 10페소
- 중턱에서 마시는 코코넛(1개) – 15페소

속 터지는 일 없이 필리핀을 알 수 있는가?

남의 나라에서 산다는 게 그리 쉬운 줄 알았는가?

언어의 불편함은 별로 문제가 되지 않습니다. 생활하는 데 사용되는 단어들은 제한되어 있기 때문에 그다지 큰 노력을 기울이지 않아도 쇼핑을 하든, 식당에 가든, 어느 정도 의사소통은 할 수 있습니다. 이 나라 사람들의 억양과 발음을 오랫동안 듣다보면 그럭저럭 생활은 할 수 있게 됩니다.

주변이 지저분한 것은 이해할 수 있습니다. 원래 후진국으로 온 것이기 때문에 정갈한 도시풍경만을 기대한 것은 아닙니다. 부서질 듯한 택시들, 도로 가득 메우는 지프니 매연, 흔하게 볼 수 있는 구걸하는 이들, 비 오면 몸에 비누칠하고 거리를 뛰어다니는 아이들, 교회 앞 수도꼭지를 이용하여 아침마다 머리 감고 샤워하는 아저씨 등, 이제는 어색하지도 않으며 답답하지도 않습니다. 오히려 친근해졌고, 편안해졌습니다.

그렇지만 가끔씩 생기는 일들이 사람을 참기 힘들게 합니다. 유창하게 영어를 잘해서 조목조목 따질 수 있으면 좋으련만 그것도 안 됩니다. 감정만 앞설 경우, 일을 더 크게 망가뜨릴 수 있기 십상입니다. 소리치고 싶은데, 이 나라는 소리치면 "절대로" 안 된다고 합니다. 소리 한번 치고 욕 한번 먹는 것으로 끝난다면 그렇게라도 할 수 있겠습니다.

한국 사람들을 속 터지게 만드는 나라, 잘 살아내고 싶은 나라, 행복하게 살고 싶은 나라, 그 나라가 필리핀입니다. 잘 견디고 나가서 성공하고 싶은 나라입니다.

어떻게 하면 이 나라에서 잘 살 수 있나요? 속 터지는 일들을 많이 겪으면서 마음의 평정을 유지하면 잘 살 수 있지 않을까 생각해 봅니다. 그렇게 도저히 이해할 수 없는 일들을 겪어 가면서 필리핀을 알게 되는 듯합니다. 우리에게 있어서 이해심의 한계가 어디까지인지 모르겠습니다.

며칠 전 학교에서 미비한 서류가 있다고 다시 제출해야 한다는 통보를 받았습니다. 이것을 위해서 한국에 있는 가족에게 요청을 하고 대사관 공증을 거쳐서 서류를 제출해야만 합니다. 억울해도 할 수 없습니다. 분명, 입학하면서 세 아이의 증명서를 똑같이 제출한 것 같은데, 왜 유독 한 아이의 것만 없는지 이해가 되지 않았습니다. 자초지종을 알고 싶었지만 참았습니다. 그 증명서라는 것이 다른 두 명의 증명서와 똑같은 것이기 때문에 학교 측에서 융통성 있게, 이미 있는 형제들의 것을 활용하면 안 되는지를 묻고 싶었지만 참았습니다. 여기서는 잘 살아가는 방법은 편안한 마음으로, 그들이 요구하는 대로 하는 것이 좋다는 것을 알고 있기에 서류를 다시 준비했습니다.

비자 때문에 생기는 일, 이민국에서 생기는 일, 각종 서류 때문에 생기는 일, 돈에 얽힌 일들……. 한국에서는 상상할 수 없는 일들이 이 땅에서는 가능합니다. 미리미리 지혜롭게, 꼼꼼하게 준비하여 대처할 수 있으면 좋겠습니다. 생각지도 못했던 일들을 갑자기 당하기도 합니다. 도저히 이해할 수 없는 일, 억울하고 답답한 일을 당해도 나만 겪는 것이 아니고 많은 사람들이 다양한 환경에서 다양하게 접하는 것임을 생각하게 됩니다.

필리핀에 온지 얼마 되지 않았지만 필리핀에서 이해할 수 없는 일이 생길 때 나름대로 대처 요령을 정리해 보았습니다.

① 당황하지 않고 평안한 마음을 갖습니다.
② 이 일을 먼저 경험한 사람이나 이 땅에서 오래 사신 분들의 자문을 구합니다.

③ 꼼꼼하게, 차분하게 일을 처리합니다.
④ 하나님께 감사합니다. "좋은 경험을 통해서 한 가지를 알게 하시니 감사합니다."라고 표현합니다.
⑤ 억울한 일을 오래 기억하지 말고 털어버립니다.

어떡하겠습니까? 화를 내면 나만 손해인 것을 ……. 기억하십시오. 우리는 지금 전혀 다른 문화권에 살고 있습니다. 그러나 이 땅에서도 우리는 여전히 크리스천입니다.

눈을 돌려 이 땅에서 주는 행복의 요소들을 찾는 것이 훨씬 유익하리라 봅니다.

사서 고생하기

　조금 더 편할 수 있다면 추가 비용을 지불할 수 있습니다. 조금 더 시간을 단축하는데도 비용을 지불합니다. 서울에서 부산까지 KTX를 타고 가면 다른 열차에 비해 빨리 도착할 수 있습니다. 그렇지만 비용은 더 지불해야 합니다.

　필리핀 세탁소에 옷을 맡기고 이틀 후에 입어야 한다고 말했습니다. 점원은 "빠르게 처리하려면 15%의 돈을 더 내야 한다."라고 말했습니다. 한국에 물건을 주문할 때 배편을 이용하는 것보다는 항공편을 이용하는 것이 훨씬 빠릅니다. 그러나 많은 비용을 추가로 지불해야 합니다. 가급적이면 비행기를 이용하지 않으려고 합니다. 어쩔 수 없이 급한 물건들만 항공편을 이용합니다.

　많은 경우에 있어서 추가 비용을 지불하는 것은 시간을 단축이나 편리함을 위해서입니다.

반대로 긴 시간과 불편함이 주는 유익도 있습니다. 고급 식당으로 갈수록 음식은 천천히 나옵니다. 기다리는 동안 상대방과 깊이 있는 대화를 나눌 수 있습니다. KTX를 타지 않고 새마을이나 무궁화를 타면 좀 더 정겹게 내 나라의 풍경을 감상할 수 있습니다.

얼마 전 아이들과 함께 등산을 위해서 피나투보로 갔습니다. 집에서 출발할 때는 왕복 5시간을 걷는다는 정보를 가지고 출발했습니다. 모처럼 등산하며, 땀 흘리고 싶은 마음에 아이들과 나는 큰 기대감과 설레는 마음이 있었습니다. 아이들은 특히 작년 지리산 등산이 무산된 것을 내내 아쉬워하고 있던 터였습니다.

피나투보 등산안내소에 가보니 내가 들었던 것과 상황이 달랐습니다. 요즘은 길이 좋아져서 정상 근처에까지 차가 들어간다는 것입니다. 20분밖에 걷지 않는다고 말합니다. 더 많이 걸을 수 있는 등산로는 따로 없는지를 물었습니다. 점원은 "있기는 하지만 그쪽으로 가려면 비용을 더 지불해야 한다."라고 말합니다.

뭔가 거꾸로 되었다는 생각을 갖게 되었습니다. 고생은 더 많이 하고, 비용은 더 많이 지불해야 하는 상황인 것입니다. 돈을 더 주고 몸은 더 피곤하게 되는 상황이었습니다. 우리말에 "사서 고생"이라는 말이 있는데 딱 맞아떨어지는 말입니다. OK! 수락했습니다.

우리는 많은 비용을 더 지불하고 사람들이 많이 이용하지 않는 쪽의 등산로를 선택했습니다.

오전 11시부터 걷기 시작했으니, 하루 중 가장 뜨거운 시간에 등산을 시작했습니다. 2/3 지점에 다다랐을 때 아이들은 거의 녹초가 되었습니다. 땀을 너무 많이 흘려서 계속 물만 마셔댔고 나중에는 물도 떨어졌습니다.

다른 산과 다른 점은 피나투보 산에는 나무 그늘이 없다는 것입니다. 간간히 계곡물을 지나가는 것이 전부입니다. 화산지역이기 때문에 계곡 물을 마실 수도 없습니다.

그렇게 몇 시간을 걸어서 정상에 이르렀습니다. 정상에서 보는 피나투보의 호수는 정말 아름다웠습니다. 아이들도 함께 감탄을 하고 좋아했습니다. 어떻게 산꼭대기의 호수가 이렇게 산호바다의 색깔을 낼 수 있는지 신기하기만 했습니다. 점심을 먹고 모두가 즐거운 시간을 보냈습니다.

"우리가 걸어서 올라온 산은 20분만 걷고도 올라올 수 있고, 3시간 혹은 10시간을 걸은 뒤에 올라올 수도 있다. 하지만 같은 산이라도 땀 흘린 뒤에 오르는 산과 편하게 오르는 산은 감동이 다르다." 라고 아이들에게 말해주었습니다.

과정이 주는 행복이 있습니다. 땀이 주는 행복, 고생하는 가운데 사색이 주는 행복, 고생을 통해 이루는 달콤함이 있습니다. 스피드만이 가치 있는 것은 아닙니다. 편리함만이 가치 있는 것은 아닙니다. 하나님은 아브라함에게 아들을 주시되, 100세가 되어서야 주셨습니다. 기다리는 동안에 얻게 된 신앙성장과 하나님에 대한 신뢰를 이루 말할 수 없을 것입니다. 모세는 80년간의 과정을 마치고 지도자가 되었습니다.

우리는 '지금 당장 이루어졌으면' 하고 바라는 소망이 있습니다. 그러나 땀 흘리는 과정과 고통의 터널을 지날 때 주어지는 것은 훨씬 더 아름답고 광채가 나는 것입니다.

사서 고생! 그 행복한 경험을 함께 하기를 기대해 봅니다.

참기름, 그 고소함에 대한 아쉬움

비행기를 탈 때, 가장 기대하는 것, 아마도 기내식일 것입니다. 그것은 항공사마다, 노선마다 다릅니다. 시간을 지루하지 않게 만들며, 좁은 공간에서 즐길 수 있는 풍성함의 행복이 있기 때문에 더 좋습니다.

이번 주, 한국 갈 때 나온 기내식은 비빔밥이었습니다. 커다란 사기그릇에 다양한 나물들이 가지런히 놓여 있었고, 먹음직스러웠습니다. 돌 나물, 버섯, 쇠고기, 부추, 무생채, 호박 등 보통의 비빔밥에 들어가는 종류들이 다 들어있었습니다. 플라스틱 투명 뚜껑을 열고 보니 봄내음이 물씬 풍기는 듯 했습니다. 밥은 따뜻한 햇반이 나왔구요, 포장지에는 원산지가 '경기도'라고 쓰여 있었습니다. 튜브로 된 고추장을 비빔밥에 넣고 적극적으로, 힘 있게 비볐습니다. 나만 비빔밥을 먹는 것이 아닌지라, 가만히 비행기 안에서 들려오는 소리, 사기그릇과 숟가락이 부딪치는 소리를 듣게 되었습니다. 그 소리가 너무 좋아 잠시 동안 귀를 기울이기도 했습니다. 드디어 붉은 색이 가미된 맛있는 비빔밥이 완성되었습니다. 곁들여 나온 된장국과 생채를 번갈아 먹으면서 맛있게 식사를 마쳤습니다. 한국으로 가는 비행기 안에서 먹는 한국식 음식은 '역시' '다르다' 라는 생각을 했습니다.

그런데 ……. 식사를 마치고 그릇을 치우려가 바닥에 놓여있는 얇은 비닐포장제품을 발견했습니다. 이건 무엇인가? 하면서 포장지를 읽어보니 거기에 '참기름' 이라고 있었습니다. "아~!" 참기름을 넣어야 했던 것입니다. 꼭 넣어서 그 고소함을 맛보았어야 했습니다. 밥따로 참기름 따로는 될 수 없는 것입니다. 비빔의 마지막 단계에서 참기름을 넣어서 코끝으로 전해지는 고소함을 느끼고, 밥을 한술 떠서 한입 입에 넣고 입안에 가득 남아있는 고소함을 느껴야 했던 것입니다. 차라리 참기름을 보지 않았으면 좋았을 텐데, 본 이상 그 고소함에 대한 미련이 너무 컸습니다.

'아~! 참기름까지 넣어서 비벼 먹었으면 얼마나 더 고소하고 맛있었을까?'

돌아오는 비행기에서도 기내식이 제공되었습니다. 스튜어디스가 묻습니다.

"비빔밥 드시겠습니까? 쇠고기를 드시겠습니까?"

나는 주저하지 않았습니다.

"비빔밥 주세요."

맨 먼저 참기름을 찾았습니다. 역시, 바닥에 납작하게 있어서 잘 보이지 않았습니다. 똑같은 비빔의 과정……. 요리를 마친 후 참기름을 뜯어서 부었습니다.

역시~! 향이 좋았습니다. 다 비비고 나서 참기름 봉지를 코끝에 대고, 숨을 들이마셨습니다.

"역시, 이거야!" 행복했습니다.

이제야 알았습니다. 비빔밥의 백미는 고추장이 아니라 참기름인 것을 말입니다.

우리도 누군가의 참기름이었으면 좋겠습니다. 그 음식을 음식으로서의 가치를 드러내게 하는 것 말입니다.

성경에도 그 말씀이 있습니다.

"너희는 그리스도의 향기(참기름)이니라. 고후 2장 15절"

악취를 풍기지 않고 모든 이들을 흡수할 수 있는 고소함을 드러낼 수 있기를 바랍니다.

아! 그리고 모든 비행기에서 비빔밥을 주는 것은 아닙니다. ^^

새로 생긴 신호등

 교회 앞 사거리에 신호등이 새로 설치되었습니다. 밝고 성능 좋은 LED 신호등입니다. 마카티 애비뉴에 생긴 것까지 포함하면 최근에 두 곳에 새 신호등이 생긴 것입니다. 그 동안은 많은 교통경찰들이 동원되어 아침저녁으로 복잡한 교통 상황들을 정리했는데 이제는 그 모든 것을 신호등에 맡기게 되었습니다.
 필리핀에 온 이후로 신호등 없는 사거리에 힘들게 적응해야만 했습니다. 어떻게 눈치껏 지나가야 하는지, 언제 양보해야 하는지, 어떻게 끼어들기를 해야 하는지를 어느 정도 알게 되었습니다. 신호등 없는 사거리를 능숙하게 지날 수 있게 된 것입니다. 이제는 신호등이 없어야 그 길을 빨리 지나갈 수 있습니다.
 차를 운전하지 않고 걸어서 다닐 때에도 마찬가지입니다. 신호등이 없어서 처음에는 길을 건너는 것이 어색하고 힘들었습니다. 차들이 다 지나간 뒤에 건넜기 때문에 시간도 많이 걸렸습니다. 그러나 이제는 신호등이 없어야 빨리 건너고, 시간을 절약할 수 있습니다. 차들이 지나가는 속도를 생각해서 적당히 좌우를 살핀 후 도로를 횡단하면 됩니다.

'자유함이 주는 여유로움' 이라고나 할까요? 이제, 신호등이 생긴 이후로 '너무 불편하다' 라는 생각을 자주 합니다. 그동안 신호등 없는 사거리에 익숙해졌기 때문이고 법 없는 것이 더 편해졌기 때문입니다. 새벽기도 차량운행을 하면서 새로 생긴 신호등 앞에서 지나가는 차가 없어도 초록색 불이 들어올 때까지 기다려야 합니다. 낮 시간대도 평소보다 더 오래 기다리게 됩니다. 운전을 하지 않을 때도 마찬가지입니다. 잠깐 볼일이 있어서 사거리를 건널 때에도 한참을 서서 기다려야만 합니다. 조금 답답합니다. 이제는 신호등 없는 사거리에 적응이 되었나 봅니다. 사거리에 신호등이 없어야 편안합니다. 그렇지만 신호등이 생긴 이상, 선택의 여지가 없습니다. 그 신호 체계에 따라야 합니다. 신호등이 다시 없어지기를 기도할 수는 없으니, 즐거운 마음으로 신호등에 맞추어서 생활하는 것이 나을 듯 합니다.

새로운 법(法)이 세워졌습니다. 그리고 그 법은 모두를 위한 것이며, 더 편리하게 살고자 하는 누군가의 뜻이 담겨있을 것입니다. 새로운 법(法)이 주는 의미는 항상 똑같습니다. 그 법이 주는 의미를 잘

새기고, 공동체 사람들을 위해서 그 법을 지키는 것입니다. 그것이 새롭게 우리 몸에 익숙해질 때까지, 그래서 우리 생활의 일부가 될 때까지 노력하는 것이 필요합니다.

그리스도인들은 새로운 법에 맞추어서 사는 사람들입니다. 일명 '생명의 성령의 법'이라고 합니다. 그 법은 하나님이 주신 것이요, 하늘나라 시민들이 지켜야 할 것들입니다. 신호등을 지키는 것보다 훨씬 어려울 수 있습니다.

지켜야 할 언어의 체계가 있습니다. 하지 말아야 할 말을 참아내야 하며, 해야 할 격려와 위로의 말을 해야 합니다. 지켜야 할 발걸음이 있습니다. 가지 말아야 할 곳은 가지 말아야 하며 꼭 가야 할 곳은 가야만 합니다. 짓지 말아야 할 표정들이 있습니다. 불쾌한 표정을 금할 것이며 애써 웃어야 합니다. 예수 믿는 모든 이들이 이제 새로운 법에 익숙해져야 하겠습니다. 노력하여 몸에 맞추면, 이것이 더 편리함을 줄 것입니다.

몸에 친근하게 되기까지 부디, stop & smile!

떠나는 이들에 대하여

"목사님, 필리핀은 이민교회이기 때문에 떠나는 사람들에 너무 마음 쓰지 마세요."

필리핀에 오자마자 자주 들린 그 소리가 무엇인지 몰랐습니다. 아직 낯설었기 때문입니다.

타국 생활과 마닐라한인감리교회에서의 신앙생활을 마치고 고국으로 돌아가는 이들의 마음은 어떠할까 생각했습니다.

이곳 필리핀에 도착하여 예배 드린 첫날부터 떠나는 이들의 인사가 시작되었습니다.

"저 오늘 한국 들어갑니다."

많은 성도님들이 필리핀을 떠나기 전 목양실에 찾아와서 기도를 요청하였습니다.

나는 한국에 가서도 신앙생활을 잘 하도록 권면하고 그들을 축복하며 기도 하였습니다.

　어떤 이들은 너무 갑작스럽게 떠나기 때문에 인사도 못하고 간다고 했습니다. 공항에서 전화한 이들도 있습니다. 어떤 이들은 나에게 소식이 직접 전해지지 않고 몇몇 성도님들만 알다가 늦게 소식을 듣게 되기도 했습니다. 또 어떤 경우에는 떠난다는 소식을 듣고 그 성도님에게 물었습니다. "언제 떠나게 되나요?" 그러면 많은 대답이 "아직 확실치 않아요." 였습니다.

　한국에서 필리핀으로 올 때 갑작스럽게 온 분들이 있는가 하면, 떠날 때 갑작스럽게 떠나는 분들도 있습니다.

　그렇게 이민교회의 모습은 인생의 모습을 그대로 담고 있습니다. 떠날 때의 예고도 없고, 순서도 없습니다. 다양한 모습으로 살다가 다양한 모습으로 돌아갑니다. 나름대로 계획은 세웠지만 다 그 계획대로 되지는 않습니다.

　어쩌면, 있는 동안 성실하게 살며, 떠날 때 감사함으로 떠나는 것이 이민생활과 인생에서 공통적으로 적용할 교훈이 되지 않을까요?

잠들기좋은집

 집은 사람이 살 수 있는 공간입니다. 밥을 먹고, 잠을 자고, 쉬는 공간입니다. 어떤 이는 집에서 사무적인 일을 보면서 집을 사무실처럼 사용합니다. 어떤 이는 형식상의 집은 있지만 거의 외부에서 생활을 합니다. 그런가 하면 또 어떤 이는 집 밖으로 거의 떠나지 않고 집 안에서만 생활을 하기도 합니다.
 집이 없는 이가 있는가 하면, 집이 많은 이도 있습니다.
 필리핀에서의 집은 어떤 의미가 있을까요? 디오게네스처럼, 나사로처럼 그것이 없어도 행복한 사람들이 많다는 생각을 합니다. 어떤 지프니 운전수는 따로 집이 없습니다. 밤이 되면 지프니 안에서 잠을 청합니다. 트라이씨클 운전수도 마찬가지입니다. 트라이씨클 위에 벨트 하나 매 놓고, 눈을 붙일 수 있으면 그곳이 집입니다. 어느 건물 모퉁이에 낡은 천막으로 바람막이만 해 놓고 사는 이들이 있습니다. 가끔씩 이들을 보면, 아버지도 있고 어머니도 있고 아이들이 있습니다. 이듬해에는 아이가 한 명 더 늡니다. 그들에게는 비만 가릴 수 있으면 그곳이 집입니다. 한밤중에 사람들이 밖으  로 나와서 이야기를 나누고 있는 풍경을 종종 볼 수 있습니다. 그들은 바깥 바람이 좋아서 밖으로 나온 것이 아닙니다. 잠잘 공간이 좁기 때문에 교대로 잠을 자기 위해서, 자신들의 순번이 아니기 때문에 밖으로 나온 것입니다.

특별히 잠잘 공간이 없는 이들은 자기들만의 장소를 찾습니다. 가끔 교회 앞에서, 혹은 비를 피할 수 있는 공간에서 잠을 청합니다. 그들의 잠자는 모습을 가만히 보고 있노라면 평안하다는 느낌을 갖기도 합니다. 두 팔을 벌리고, 혹은 서로 팔베개를 해 주면서 해가 중천에 뜰 때까지, 다른 사람들이 깨울 때까지 잠을 잡니다.

가끔 우리들은 '더 좋은 잠자리'를 위해서 노력하고 투자합니다. 침대를 바꾸면 좋다고 하는 이들도 있습니다. 누가 돌침대를 샀다거나 옥침대를 샀다는 소리를 들으면 부럽기도 합니다. 방이 너무 좁아서 넓은 방으로 옮기거나 햇볕이 잘 드는 방을 찾기도 합니다. 선

풍기와 에어컨을 틀어 놓고 잠을 자면 조금 나은 것 같습니다. 중요한 것은 어떤 마음으로 잠자리에 드느냐 하는 것이 아닐까요? 마음이 편치 않거나 근심거리가 있을 때는 몸을 웅크리고 자면 조금 편안해지는 것 같습니다. 주변이 시끄러우면 짜증을 내면서 이불을 덮기도 합니다. 이불을 덮고 자기도 하며 책을 읽다가 소파에서 그대로 잠들기도 합니다. 방에 들어가기가 귀찮을 때는 그대로 거실 바닥에 누워서 잠을 자기도 합니다.

행복한 잠자리! 누웠을 때 편안해야 할 것입니다. 오늘 다 마치지 못한 일이나 답답한 일을 마음속에 담지 않고 내려놓으면 좋을 것 같습니다. 그 편안함은 기도하는 이에게 더 크게 다가옵니다.

"하나님, 오늘 내게 하루를 주셔서 감사합니다. 이 밤이 주님과 함께 하는 밤이 되게 하옵소서."

가족끼리 웃다가 잠자리에 들면 좋겠습니다. 서로의 웃는 표정을 보다가 각자의 침대로 가는 것입니다. 누군가와 함께 잠들면 좋을까요? 혼자서 자는 것도 좋겠지만 이야기를 나누는 중에 잠들면 좋을 것 같습니다. 서로 먼저 자고 있는지를 확인하면서 자는 것입니다.

내일에 대한 기대가 있으면 더 좋겠지요. 빨리 자고 내일은 그 일을 하는 것입니다. '그 날이 진정 행복했는가?' 하는 것은 '잠자리에 들 때, 어떤 마음인가'에 있지 않을까요?

물이야기

 "물처럼 쓴다."는 말은 쉽게, 흔하게 쓸 수 있는 데서 나온 말입니다. 우리네 문화에서 물은 절약해야 할 것으로 알지 않고, 쉽게 버릴 수도 있는 것으로, 마음껏 돈 들이지 않고 쓸 수 있는 것으로 생각했습니다. 이제 시대가 바뀌어서 그 물을 소중히 해야 하는 때가 되었습니다. 물을 사용하는 데는 그만한 대가를 치러야만 합니다. 마시는 물은 물론이요, 세탁하는 물, 씻는 물, 음식하는 데 사용하는 물에 이르기까지 물은 절대적인 가치를 갖게 되었습니다. 한마디로 돈을 많이 내야 한다는 것입니다.
 땅 속에 숨어 있는 물이 있는가 하면, 강을 따라 흘러가는 물이 있으며, 하늘에 떠다니다가 땅으로 떨어지는 물이 있습니다. 그 물이 귀하여, 때로는 하늘에 빌기도 합니다. 가물 때에 비를 내려 달라고 간절히 구하기도 합니다. 그 물이 없어서 논과 밭이 말라가고 농작

물이 죽어갑니다. 그 물 때문에 윗논과 아랫논 주인 사이에서 싸움도 일어납니다. 그 물 때문에 서로 상처를 입히기도 합니다. 물이 부족하기 때문에 생기는 안타까운 현상입니다.

지난주 태풍의 영향 때문에 온 세상에 물이 넘쳐나게 되었습니다. 이름하여 "물난리"입니다. 차가 다녀야 할 도로에 물이 흘러갔습니다. 사람이 살아야 할 집 안까지 물이 흘러들었습니다. 사람들의 갈증을 해소해주고 시원함을 주어야 할 물이 두려움을 주는 것으로 바뀌었습니다. 그 물 때문에 생명을 잃은 이들이 있습니다. 재산 피해를 입게 되었습니다. 그 물 때문에 아끼던 것들을 잃게 되었습니다. 물이 많아서 생기는 문제들입니다.

치울 것은 치우고, 버릴 것은 버렸지만 여전히 집 안에 습기가 가득합니다. 물기를 다 닦아내었지만 집 안 어딘가에 숨어 있는 물들이 있나 봅니다. 일주일이 지난 지금, 또 다른 태풍의 영향권 아래에 있습니다. 어떤 물난리가 어떻게 다시 들이닥칠지 몰라서 두려움에 떠는 이들, 밤새 잠을 이루지 못한 이들도 있습니다. 온 도시에 물이 넘쳐나지만, 정작 피해를 입은 주민들에게는 물이 없습니다. 가장 필요한 것이 물입니다. 주변은 온통 더러운 물, 마실 수 없는 물입니다. 갈증으로 해소할 수 있는 물, 생명을 공급할 수 있는 물이 없어서 고통을 당한다고 합니다.

주님은 생수에 대하여서 말씀하신 적이 있습니다. 주님을 믿는 사람들에게는 생명의 물이 공급되었기 때문에 목마르지 않은 사람들이라고 하셨습니다. 이제, 그리스도인들이 생수를 공급하는 역할을 했으면 좋겠습니다. 갈증으로 힘들어하는 세상에 물을 공급하는 역할, 힘들어하는 세상에 쉼을 공급하는 역할, 어찌할 줄 몰라서 당황하는 이들에게 길을 제시하는 생명의 역할을 감당했으면 좋겠습니다.

내가 주는 물을 먹는 자는 영원히 목마르지 아니하리니 나의 주는 물은 그 속에서 영생하도록 솟아나는 샘물이 되리라 요한복음 4장 14절

아이타스 선교지 현장을 그리다

    산이 많은 동네, 피나투보 곳곳에 산족들이 살고 있습니다. 필리핀 최초의 원주민이며, 작은 키에 곱슬머리, 산에서 나는 고구마나 과일들을 주식으로 먹고 사는 이들입니다. 점심 때쯤 산을 돌아보면 산속 군데군데에서 연기가 나는 것을 볼 수 있었습니다. 밥하는 시간입니다. 마치 수십 년 전 우리나라 농촌풍경과 같습니다. 저녁 나절이면 집집마다 굴뚝에서 연기 나는 풍경 말입니다. 그때는 가마솥을 상상할 수 있었지만 이곳에서는 집이 전혀 보이지 않는 곳에서 연기만 납니다.

    오래 전 그들은 이 땅의 주인이었습니다. 큰 불편 없이 자기들의 땅에서 나는 것들을 먹고 사는 이들이었습니다. 그런데 이제 그들은 누군가의 도움을 기다려야 하고, 감사해야 하는 형편이 되었습니다.

    지난 주 월요일에 산족들이 있는 곳으로 올라갔습니다. 전에는 우마차를 타고 더 높은 곳까지 올라갔었지만 지금은 마을 어귀에 예배당을 지어놓고 월요일마다 내려와서 함께 예배하고 예배를 마치면 쌀을 나눠주도록 하고 있습니다. 300여 명 쯤 모인 것 같습니다. 함께 찬양하고, 말씀 듣고, 준비한 것을 나누는 시간이 있었습니다.

50여 개의 칫솔을 준비하여 그들에게 양치하는 법을 가르쳐 주고, 칫솔과 치약을 나누어 주었습니다. 하나같이 칫솔질을 할 줄 모릅니다. 그저 치아에 묻은 치약을 삼키는 아이들이 대부분입니다. 어린 이들에게 목욕을 시킨 후에 비누를 나누어 주었습니다.

어쩌면 이것이 그들이 원치 않는, 굳이 필요 없는 문명의 보급이라는 생각을 해 보았습니다.

그런데 선교사님의 설명에 의하면 특히 더운 여름철에는 이런 도움이 병을 줄이는데 큰 도움이 된다고 합니다.

또한 여기까지 내려올 수 있는 사람은 그나마 다행이랍니다. 20여 년 전 피나투보 화산이 터지면서 충격을 받은 산족들이 많이 있는데, 여전히 그 충격 속에서 헤어 나오지 못하여 움막 속에서 꼼짝도 하지 않는 사람들이 있다는 것입니다. 하늘이 화산재로 뒤덮이고, 빨간 용암이 눈앞으로 지나가면서 마을을 삼켜버린 그 충격을 그대로 간직하고 숨어버린 것입니다.

우리가 전적으로 선교에 헌신하는 모습은 아니어도 우리가 살고

있는 이 땅에 작은 성의만 보여도 행복할 이들이 많다는 것을 알고 기도하는 것으로, 후원하는 것으로 동참할 수 있으면 좋겠습니다.

약속 시간을 위해서 뛰어라

거의 동시에 중요한 약속이 겹칠때는 어떻게 합니까? 아마도 덜 중요한 것을 포기하는 것이 지혜일 것입니다. 혹은, 순서에 따라 먼저 약속한 것을 지킬 수도 있습니다.

그런데 두 개의 약속 중에서 나중에 생긴 일이 더 중요하다면 어떻게 할까요? 먼저 약속한 사람에게 양해를 구할 수 있습니다. "미안하지만 중요한 일이 생겼습니다. 우리 약속을 다음으로 미루었으면 합니다."라는 식의 양해를 구하는 것입니다. 둘 다 포기할 수 없는 것이라면 어떻게 합니까? 시간을 약간씩 조절을 하든지, 다른 사람에게 한쪽을 맡아달라고 부탁할 수도 있을 것입니다.

지난 주 목요일 저녁은 내 몸이 둘이어야 했습니다. 하나를 포기하기도 어렵고, 누구에게 대신 부탁하기도 어려운 상황이었습니다. 매주 목요일 저녁은 청년부 리더들과 함께 하는 제자훈련이 있습니다. 특히 지난주부터 벌금제를 운영합니다. 지각, 결석, 예습하지 않는 것, 공부 중 휴대폰 울리는 것 등은 절대로 안 된다고 했습니다. 오직 제자훈련에 집중해야 한다고, 이런 것들도 훈련의 일부분이라고 했습니다. 이런 상황이기 때문에 한 주 만에 목사가 약속을 번복할 수는 없었습니다. 먼저 모범을 보여야 제대로 훈련할 수 있기 때문입니다.

그날에는 동시에 감리사님과 저녁식사가 있었습니다. 우리 교회를 위해서 시간을 내신 분과 함께 하는 자리였기에 자리를 비우는 것이 예의가 아니라 생각했습니다. 이쯤 되면 머릿속으로 여러 가지를 계산합니다. 식사는 6시부터이고, 제자훈련은 7시부터입니다. 내 생각으로는 6시 45분까지 감리사님과 함께 식사를 한 후에, 이후부터는 전도사님이 동행하도록 하면 될 것으로 생각했습니다. 먼저 감리사님께 스케줄에 대한 양해를 구하고, 공항 가시는 시간 즈음에 다시 찾아뵙겠다고 말씀드렸습니다. 예정대로 식사를 거의 마칠 무렵, 양해를 구하고 자리에서 일어났습니다. 기사를 부르고 드라이버가 도착할 것으로 생각되는 시간에 식당 밖으로 나왔습니다. 교회차는 벨에어 빌리지 스티커가 붙어 있기 때문에 교회에서 식당까지 5분이면 충분히 도착할 수 있으리라는 확신이 있었습니다. 그런데 차가 오지를 않습니다. 전화를 걸었습니다. 들려오는 소리는 "죄송합니다. 길을 잘못 들었습니다."였습니다. 기사가 반대 방향으로 간 것입니다. 잠시 기다리다가 다시 전화를 걸었습니다. 도착 예정시간을 물었습니다. 5분 이상 걸릴 것으로 답을 합니다. 안되겠습니다. 차는 포기하고 빠른 걸음으로 교회를 향해 걸었습니다. 잠시 후에는 뛰었습니다. 약속시간을 지키기 위해서 뛴 것은 거의 없었던 일입니다. 시계를 보면서 뛰었습니다. 교회 앞 사거리에서 시계를 보니 7시 정각입니다. 이미 늦었습니다. 2층 문을 열었을 때, 시계를 보니 7시 2분! 조용히 사무실 문을 열고 보니 한 명도 빠짐없이 9명이 앉아 있습니다.

모두가 외칩니다.

"목사님, 3분 늦으셨어요."

순간, 변명하고 싶었습니다.

"2분인데……" 모두의 얼굴에는 기쁨의 미소가 담겨 있습니다. 자신들은 시간을 잘 지켰고, 목사님은 약속을 어긴 것에 대한 승리의 미소랄까요? 어쨌든 모범이 되지 못하였으니, 벌금을 냈습니다.

나는 약속 시간에 대해서 정확해야 한다고 생각합니다. 약속을 지키지 않는 것은 다른 사람의 소중한 시간에 대한 침해이기 때문입니다. 약속 시간을 지키지 않았을 때, 벌금을 내야 하는 것은 시간이 돈보다 소중하다는 뜻을 담고 있습니다.

주님과 약속한 시간이 있습니까? 예배 시간, 기도 시간, 성경 읽는 시간, 경건의 시간, 봉사의 시간 등 주님은 얼마의 벌금을 말씀하실까요?

만왕의 왕, 예수 그리스도

필리핀 대통령이 바뀌었습니다. 필리핀에서 6년마다 대통령이 바뀌는 것은 당연한 것이지만 이번에 국민들이 거는 기대는 특별한 듯합니다. 대통령이 바뀌었다는 것은 여자 대통령에서 남자 대통령으로, 키 작은 대통령에서 키 큰 대통령으로 가정이 있는 대통령에서 미혼 대통령으로 바뀌었다는 외형적 변화 이외에도 큰 의미가 있습니다. 대통령이 바뀌었다는 것은 최고 결정권자가 바뀌었다는 것입니다. 그의 의지에 따라서 나라의 형편이 많이 달라질 수 있습니다. 이것이 누군가에게는 기대와 희망을 줄 것이고 누군가에게는 긴장하게 만드는 요소들이 될 것입니다.

대통령이 되기 전에 그가 했던 약속의 말들을 떠올리면서 그 약속들이 서민들에게 좋은 결과로 드러나기를 기대해 봅니다. 부정부패를 척결하겠다는 대통령의 약속이 부정부패 때문에 피해를 당한 사람들에게는 희망의 메시지입니다.

　대통령이 바뀌었다는 것은 원칙을 고수하겠다는 것입니다. 누구에게는 휴일이 줄어들었기 때문에 기분이 좋지 않을 수 있겠지만 기업하는 이들에게는 일하는 날이 많아서 오히려 좋을 수 있습니다.

　대통령이 바뀌었다는 것은 소수 기득권층이 누리던 혜택을 줄이고 그 혜택이 골고루 전달되도록 하겠다는 것입니다. 빈부의 격차가 극도로 심한 이 나라의 상황이 조금은 줄어들기를 기대해 봅니다.

　필리핀 대통령이 바뀌었다는 것이 필리핀에서 외국인으로 살고 있는 우리들에게도 희망의 소식이 되었으면 좋겠습니다. 어이없게 당하는 일들이 없기를, 정직하고 성실하게 일하는 이들이 결실을 얻을 수 있도록 말입니다. 새 정부가 시작되는 이 즈음에 부는 바람이 이 땅의 한국인들에게 상처로 남지 않았으면 좋겠습니다. 더 이상 필리핀이라는 나라가 떠나고 싶은 나라가 아니며 지긋지긋한 나라가 아니었으면 좋겠습니다.

　그리고 신앙을 생각합니다. 영원한 왕 예수 그리스도! 필리핀 대통령은 6년마다 바뀌지만 만왕의 왕이신 예수 그리스도는 언제나 우리와 함께 계시고 우리를 이끌어 가기를 원하십니다. 그분을 주인으로 모셨다는 것은 희망을 가져도 좋다는 말입니다. 더 이상 지옥 백성이 아니라는 말입니다. 사단에 이끌리지 않는 삶을 약속받은 것입니다. 그분은 우리의 인도자가 되신다고 말씀하셨습니다.

이 땅의 대통령에게도 기대를 갖는데, 하물며 만왕의 왕이신 예수님은 어떻습니까?

그분은 우리 인생의 전부를 걸어도 좋을 분입니다.

홀연히, 언제나 경쾌하게

매일 새벽기도를 위해서 집에서 나가는 시간은 4시 30분입니다. 엘리베이터에서 내려 주차장으로 갈 때, 매일 같이 로비에서 마주치는 사람이 있습니다.

바로, 가드(Guard)입니다. 낮에서는 2~3명이 있지만 이른 새벽에는 보통 1사람이 있습니다. 그 시간은 참으로 고요한 시간입니다. 사람의 출입이 거의 없습니다. 지나다니는 차량도 없습니다. 무척 조용한 시간입니다. 가드들에게는 가장 졸리운 시간이기도 합니다. 그 지루하고 힘든 시간을 가드들은 어떻게 보낼까요?

어떤 이는 그 이른 시간에 나의 얼굴을 쳐다보며 반갑게 인사합니다.

"Good morning, sir!"

그러면 나는 똑같이 인사를 합니다.

"Good morning!"

짧은 인사지만 하루를 기분 좋게 열기에 충분합니다.

어떤 이는 모니터를 살피면서 업무에 집중합니다. 그런가 하면 잠들어 있는 가드도 있습니다. 어떤 이는 데스크 위에 엎드려서 잠에 취해 있고, 또 어떤 이는 넓은 로비 한 가운데에 의자를 가져다 놓고서 잠이 들었습니다. 잠들어 있는 가드는 어떤 생각으로 잠들었을까요? 혹시, '이렇게 이른 새벽에 누가 오겠어? 아무도 오지 않을 것이다. 지금까지 그랬으니까' 하는 자세는 아닐까요?

간혹 내가 소리내서 지나가노라면 깜짝 놀라서 일어나기도 합니다.

처음부터 잠을 잘 생각은 없었던 것 같습니다. 그저 너무 조용하고 할 일이 없다 보니 지루한 시간을 버티지 못한 것 같습니다. 내가 보는 가장 멋진 가드가 있습니다.

그는 음악을 틀어놓고 노래를 부릅니다. 새벽이라 누구의 컴플레인도 없을 것이기 때문에 졸지 않으면서 본연의 임무에 충실한 행동을 합니다. 얼굴에는 즐거움이 가득 차 있습니다.

주차장으로 내려가는 내내 그의 목소리가 경쾌하게 들립니다. 그것도 내가 알고 있는 팝송의 어느 한 구절. 주님께서도 한밤중에, 홀연히 오실 수 있다고 말씀하셨습니다. 새벽이든, 밤이든 주님이 오시면 즐겁게 찬양하며 맞이할 수 있었으면 좋겠습니다.

그렇게 우리네 인생이 지루하고 힘들지 않고, 언제나 경쾌하게 노래하는 시간들이었으면 좋겠습니다.

똑같이 흘러가는 시간이고 소홀하기 쉬운 시간들이지만, 그 시간에 주어진 업무에 최선을 다하는 것입니다. 깨어 있는 것입니다.

즐기면서 감당하는 것입니다.

하나님께 연결되기

   손에 잡히는 작은 카메라는 그때그때 유용하게 사용 됩니다. 언제든지 쉽게 꺼내서 사용할 수 있어서 좋습니다. 몇 년간 잘 사용하던 카메라가 망가져서 몇 달 전 새로 구입하였습니다.
   이번에는 더 좋은 것으로 결정했습니다. 인터넷을 통해 다양한 상품들을 살펴보았습니다. 성능이 어떤지, 가격대는 어떤지, 크기는 어떤지를 꼼꼼하게 따져서 최신의 것을 구입했습니다. 물건을 받아보니 맘에 듭니다. 만족스럽게 자주 사용을 했습니다. 가족들을 찍고, 또 찍을 거리들을 만들기도 했습니다.
   그런데 새 카메라를 사용한 지 몇 달이 채 되지 않아서 케이블을 분실하게 되었습니다. 요즘 카메라의 케이블은 충전을 겸하여 사용하기 때문에 이것이 없으면 카메라는 쓸데없는 물건에 불과합니다.
   어디로 갔을까요? 늘 두었던 서랍에도 없고, 컴퓨터에 꼽혀 있지도 않습니다. 사무실에도 없고, 다시 집을 뒤져보아도 찾을 수 없습니다.

더 이상 카메라를 사용할 수가 없게 되었습니다. 혹시 근처 쇼핑몰에서 구입할 수 있는지를 알아보았지만 이 나라에서 구입할 수 없었습니다.

할 수 없이 한국에서 오는 사람에게 부탁을 했습니다. 들어오면서 가져오도록 양해를 구했습니다. 인터넷을 통해서 그 집에 배달이 되도록 했습니다. 그저 가져오기만 하면 되는 것입니다. 그 분이 도착하기를 기다렸습니다. 그리고 맨 먼저 물었습니다.

"케이블 가져왔지요?"

그런데 그 분이 미처 챙기지 못했다고 합니다.

"미안합니다. 집에 두고 왔습니다."라는 것입니다.

"집이요?"

"예, 한국에요……"

결국에는 그 분이 다시 한국으로 돌아간 뒤에 우편으로 받을 수 있었습니다.

아주 오래 기다려서 케이블을 받은 것입니다.

케이블, 그것은 크기도 작고, 가격도 비싸지는 않았지만 그 작은 선 하나가 카메라를 카메라 되게 하는 것임을 알게 되었습니다. 너무나도 소중한 것임을 알게 되었습니다. 선 하나의 중요성을 어떻게

표현할 수 있을까요? 그것은 사진을 찍을 수 있게 만듭니다. 가족들이 즐거운 표정을 짓게 만듭니다. 그 사진을 다시 보게 만들고, 사진을 보면서 대화하게 만듭니다.

가장 중요한 것은 전원을 공급하는 역할입니다. 아무리 풍부한 전기가 있다 하더라도 그 전기를 공급받는 연결선이 없다면 아무 소용이 없는 것입니다. 아무리 급하게 전원이 필요하더라도 선이 연결되어 있어야 합니다.

하나님은 힘의 근원(전원)이 되십니다. 전능하신 분입니다. 능력이 많은 분이십니다. 또한 우리는 그분의 능력이 필요합니다. 그분의 도우심이 있어야 이 험한 세상을 살아갈 수 있습니다. 그렇다면 어떻게 그 능력을 우리 삶으로 들어오게 할 수 있을까요?

그분께 연결될 수 있는 선을 우리는 "기도"라고 합니다. 기도는 능력이 무한하신 하나님께 연결되게 하는 것입니다.

잠깐 동안만 연결되어 있으면 충전이 제대로 되지 않습니다. 충분한 시간을 들여야 합니다. 충전이 충분하게 되지 않은 카메라를 들고 다니는 것은 사람을 조마조마 하게 만듭니다. 더 찍고 싶은데 정작 카메라가 멈추면 난처하기 때문입니다.

아무쪼록 항상 하나님께 연결되어 있기를 바랍니다. 가득하게 영적으로 충전되어 있어서 언제 어디서든지 진취적으로 나아갈 수 있기를 기대합니다.

어느 선교사님의 기도문

지난 주 수요일에 조 선교사님의 사역현장을 다녀왔습니다.

지난 8월, 무장 강도에 의한 피격으로 세상을 떠난 조태환 선교사님! 그 후 두 달의 시간이 흘렀습니다. 남겨진 가족들은 한국에서의 모든 일을 정리하고 3주 전에 다시 필리핀으로 왔습니다. 아버지를 잃게 한 나라, 남편을 잃게 한 그 나라에 다시 들어왔습니다. 아직 선교사님의 숨결이 그대로 남아 있는 집으로 다시 들어갔습니다. 한없이 베풀고, 이 땅과 사람들을 사랑했지만 그 사랑의 결과가 이렇게 아픔으로 남게 되었습니다. 그 아픔을 그대로 가슴에 담고 다시 돌아오신 사모님을, 그 뜨거운 신앙을 어떻게 이해할 수 있을까요?

사모님은 말씀하십니다. 필리핀 공항을 통해서 나갈 때, 어떤 필리핀 사람이 다가와서 말하더라는 것입니다.

"정말, 미안합니다."

미워할 수 있는 땅이지만, 사모님은 남편이 사랑한 그 눈으로 이 땅을 보셨습니다.

다시, 남편의 피가 묻어 있는 이 땅으로 돌아오셨습니다. 그 선교의 현장에서 드리는 예배는 너무 은혜로웠습니다. 예배 가운데 예수의 생명을 느낄 수 있었습니다. 하나님의 임재가 불같이 경험되는 뜨거운 예배였습니다.

예배를 마치고 사택에 들어갔을 때, 제일 먼저 눈에 띈 것은 벽에 걸려있는 액자였습니다. 낡은 종이에 인쇄된 것으로, 11년 전에 선교사님이 직접 작성한 기도문이었습니다. 사모님께 기도문에 대해서 물었습니다.

"엊그제, 우연히 발견했습니다."

그리고 말씀하십니다.

"선교사님은 이렇게……. 기도문에 쓰여진 대로, 이렇게 사시다가 돌아가셨습니다."

그 내용이 너무 은혜로워서 이 공간에 담아봅니다.

주님!
필리핀 땅에서 썩어지는 밀알 되게 하옵소서.
마음에 동요가 없도록 하나님 도와주소서.
당신을 사랑하므로 필리핀 어린 영혼을

사랑하는 뜨거운 마음과 열정을 주옵소서.
날마다 경건을 잃어버리지 않도록 나를 성령 안에서 훈련시켜 주옵소서.
날마다 마음으로 하나님께 기도하는 자가 되게 하옵소서.
아침 일찍 일어나 늘 경건의 훈련을 통하여 하나님 앞에 서게 하소서.
코람데오(coram deo) 정신으로 날마다 나를 새롭게 하옵소서.
하나님 앞에 헌신하며 먼저 한인들을 사랑하게 하시며 더욱 뜨거운 가슴으로 사람을 섬기게 하소서.
M.S 신학원을 통하여서 기독교 정신을 심게 하소서.
남을 위하여 희생하는 정신을 갖게 하시며
이웃을 먼저 나의 동포처럼 사랑하게 하옵소서.
그리고 부족한 종에게 우리 민족뿐만 아니라
전 세계를 품을 수 있도록 길을 열어주옵소서.
인격 수양과 태권도를 통하여 그리스도를 전하게 하옵소서.
선교사의 사명을 감당함에 있어서 사도 바울을 항상 생각하며 우리 모든 가정이 하나님께 헌신하는 귀한 가정 되게 하옵소서.
때로는 나의 몸을 돌보지 않고라도 주님의 사역을 감당하게 하옵소서.
'사랑하는 태환아! 너 날 사랑하느냐?' 라는 물음에 담대하게 아멘

하는 자가 되게 하옵소서.
날마다 십자가의 도전을 통해서 나를 죽이고 주께서 높아지게 하옵소서.
오늘 하루를 살다가 죽는다고 할지라도 부끄러움이 없는 삶을 살게 하옵소서.
날마다 남을 위해 삶을 희생하게 하시며 불의를 보면 참지 못하여 의분을 나타내며 그렇게 똑바른 삶을 살게 하옵소서.
날마다 진실하게 하시며 최선을 다하는 삶을 살게 하옵소서.
예수님의 이름으로 기도드립니다. 아멘

조태환 선교사(드림) 1993년 3월 9일

아직도 사모님의 음성이 귓가에 남아 있습니다.
"이렇게 사셨습니다."

여기가 좋사오니

팔라완의 코코로코라는 섬에서 교역자들의 수양회가 있었습니다. 두 시간 차를 타고, 다시 한 시간 배를 이용하여 도착한 섬은 놀라웠습니다. 절경을 어떻게 표현할 수 있을까요? 자그마한 섬, 섬의 크기로 보면 섬 전체를 돌아보는데 20여분이면 충분한 정도입니다. 하얀색의 모래가 섬을 둘러싼 것에 '아름답다.'는 말이 절로 나옵니다. 해변 가까이에 각자의 숙소가 있었습니다. 파도가 눈앞에 보이는 곳, 파도소리가 잘 들리는 곳입니다. 저녁 6시가 되자, 멀리서 발전기 돌아가는 소리가 들립니다. 이 발전기 때문에 숙소마다 은은한 불을 밝힐 수 있습니다. 숙소마다 불이 들어오고 새로운 밤풍경이 펼쳐집니다. 야자수 나무마다 전등불을 밝히고 있습니다. 마침 보름달이 떠 있어서 더 좋은 경치를 만들게 되었습니다.

몇몇 목회자들과 해변에 앉아서 대화를 나누었습니다. 시간 가는 줄 몰랐습니다. 그렇게 자정 가까운 시간까지 눈앞에서 철썩이는 파도를 보면서 시간을 보냈습니다. 단지 몇 시간뿐인데, 이전에 맛보지 못한 시간을 보냈습니다. 섬 너머에서 있었던 일은 하나도 생각이 나질 않았습니다.

내가 누구의 아빠인지 인지,

다음에 어떤 일을 어떻게 해야 하는지,

정말이지 이렇게 까맣게 현실을 잊을 수 있었을까 할 정도입니다.

베드로가 변화산 위에서 주님의 영광스러운 모습을 뵈옵고 한 말이 생각납니다.

"여기가 좋사오니, 초막을 짓고 살았으면 좋겠습니다."

당시 베드로의 마음속에도 산 아래에서 벌어지는 일들, 주님을 반대하는 사람들, 해결해야 할 문제들이 전혀 생각나지 않고 그저 주님과 함께 행복한 시간들을 길게 갖고 싶었을 것입니다.

쉼은 그렇게 전혀 다른 세상을 경험하게 했고, 나는 지금 현실로 돌아와 있습니다. 행복의 여운이 오래 남아 있습니다. 여행은 이렇게 무언가를 잊게 해주고 새로운 생활에 적응하게 하는 힘이 있습니다. 이제 새롭게 무언가를 할 수 있을 것 같습니다.

무작정 용감하기

 지난 주, 후배 목사 가정이 필리핀에 여행을 왔습니다. 자유여행의 형식으로 필리핀 첫 여행을 가족들이 함께 온 것입니다. 여행을 마치는 날 함께 식사하며, 대화하였습니다.
 그동안 필리핀에 살면서 한국에서 온 손님들을 많이 대하였지만 이번 손님은 조금 다른 모습을 보게 되었습니다. 그들은 흔히 다니는 따가이따이나 팍상한이 아닌, 자기 가족만의 여행지를 선정하였습니다.
 또 한 가지 독특했던 것은 필리핀에 대한 정보력이었습니다. 필리핀에 처음 온 가족처럼 보이지 않았습니다. 어떤 부분에 있어서는 나보다 더 잘 알고 있었습니다. 내가 가보지 못한 곳, 내가 알지 못하는 정보를 말하기도 했습니다. 한국에서부터 제대로 준비한 흔적이 보였습니다.

숙소를 마닐라에 정하고, 하루 사이에 다녀올 수 있는 곳을 알아보았고, 이동하는 것까지 의미 있는 여행이 되도록 준비하였습니다. 인터넷을 통해 사람들의 여행 후기를 읽어보는 것은 물론, 마닐라에서 체험할 수 있는 모든 것들을 조사하기도 했습니다.

후배와 약속 장소를 마닐라 대성당 앞으로 정했습니다. 그러고 보니 마닐라 대성당은 내가 가 본 적이 없는 곳이었습니다. 이민국은 여러 번 가보았으면서도 그 옆에 있는 마닐라 대성당을 가 본 적이 없는 나를 보면서 누군가의 말이 생각납니다.

"서울에 살면서 63빌딩에 가보지 못했습니다."

후배에게 필리핀에 대한 느낌이 어떠하더냐고 물었습니다. 그랬더니 하는 말이 "첫날에 너무 끔찍스러웠습니다." 였습니다.

그가 선택한 첫날의 경험은 '대중교통 이용하여서 이동하기'였습니다. 몇 번의 지프니를 타고 마카티에서 마닐라 리잘공원까지 갔으며, 또한 전철인 MRT와 LRT를 갈아 타면서 마닐라 투어를 했다는 것입니다. 그것도 사람들이 가장 붐비는 시간인 5시 이후, 성탄절이 가까운 시기에 말입니다.

그가 지프니를 타고 다니면서 본 마닐라 시내는 질서라고는 전혀 없는 무법의 현장 같았고, 혼잡하기 이를 데 없는 세상이었습니다. 매연 때문에 힘들었다는 말도 빼놓지 않았습니다. 그러면서도 지프니에서 사람들이 동전을 운전수에게 옮겨주는 것, 옆으로 앉아서 창문 없이 밖을 바라보는 것과 같은 것들은 신기했다고 합니다. 찍은 사진을 내게 보여주면서 설명을 하는데, 순간 나는 속으로 생각했습니다. '아무 일 없었다니 다행이다.' 12월은 이 나라에 사는 한인들도 조심하는 계절입니다. 후배가 지리를 전혀 모르는 상황에서 북적대는 도시를 가로지르며 여행한 용기를 보면서 그들을 움직이게 한 것이 무엇인가를 생각하게 되었습니다. 모른다는 것이 그를 과감하게 행동하도록 했던 것입니다. 필리핀에 오래 살고 있는 사람들도 쉽게 용기내지 못하는 행동을 하게 했습니다.

오히려 어떤 정보를 가지고 있다는 것이 우리를 주저하게 만들기도 합니다. 더 조심하게 만듭니다. 또는 의심하게 만들기도 합니다. 필리핀에 대한 위험한 정보를 후배가 자세히 알았다면 그는 다른 방법을 선택하여 여행을 했을 것입니다. 많은 한인들이 대중교통 이용하는 것을 주저하듯이 말입니다.

정보에 상관없이 우리 안에 용기가 있었으면 좋겠습니다. 용기는 우리로 하여금 새로운 것을 경험하게 합니다. 폭넓게 합니다. 단편적인 정보를 전부인 것처럼 여기면서 주저하지 않았으면 좋겠습니다. 상황에 대한 두려움이 과하지 않았으면 좋겠습니다. 조금은 모르는 듯 지나갔으면 좋겠습니다. 너무 자세히 알지 않고 무작정 도전해 보는 용기도 있었으면 좋겠습니다.

올해, 거의 다 지나가고 있습니다.

할 수 있었는데, 주저하면서 못한 것은 없습니까? 이제 아는 것 때문에 용기를 내고, 모르기 때문에 용기를 내는 시간이었으면 좋겠습니다.

집에는 무엇이 필요한가?

　교회 근처, 이동식 집에 사는 가족이 있습니다. 집이라고 할 수도 없지만 그들에게는 분명히 주거공간입니다. 우리나라의 손수레와 같은 작은 공간입니다. 여기서는 push cart(손수레), 혹은 카리톤이라고 부릅니다. 작은 바퀴가 있고 나무로 만들어졌습니다. 그 안에는 잡동사니로 가득합니다. 각종 옷들이 있고, 유모차도 있고, 이불도 있으며 여러 개의 물통들이 있습니다. 그때마다 물건의 종류가 다르기도 합니다.

　교회 근처에 있는 손수레집, 여기에는 부모로 보이는 나이 많은 남자와 여자가 있으며, 3~4명의 아이들이 있습니다. 가장 어린아이는 생후 몇 개월이 채 지나지 않아 보입니다. 처음 그들을 볼 때는 구걸해서 사는 사람들인 줄 알았습니다. 그러나 남자에게는 직장이 있습니다. 전에는 운전기사였다고 합니다. 그들은 절대 구걸하지는 않는다고 합니다. 집세가 너무 비싸기 때문에 그것을 내지 않는 그들만의 방법을 찾은 것입니다.

그들에게도 정해진 생활양식이 있습니다. 비가 올 때는 처마 밑에서 샤워를 합니다. 아이들은 교회 앞 수돗가에서 씻거나 물통을 이용해서 아무 데서나 씻깁니다. 식사는 이동식 집 위에 앉아서 손으로 먹습니다. 접시에 밥을 담아서 먹는, 여느 식사하는 사람들의 모습과 크게 다르지 않습니다.

수납공간에 정리되어 있지 않을 뿐이지, 갈아입을 옷도 카트 속에 있습니다. 가끔 부부가 나란히 누워 있는 모습을 보기도 하고, 신문을 읽고 있는 남자의 모습을 보기도 합니다. 오가면서 자주 보는 사람들인지라 이제는 눈에 익숙해졌습니다. 자주 보는 그 모습 속에서 이제는 여유를 보게 되었습니다.

이와는 정 반대로, 가끔 럭셔리한 이동식 차량이 기사화 될 때가 있습니다. 편히 누워서 잠을 잘 수 있다는 것, 이동할 수 있다는 것, 샤워실이 달려 있다는 것, 식사를 할 수 있다는 것을 자랑합니다. 그러한 비싼 차량에서 생활하는 것은 필리핀의 어느 서민이 카트 위에서 사는 것과 많이 다르지 않다는 생각이 듭니다. 다만 필리핀 서민의 집은 엔진이 달려 있지 않아서 밀고 다녀야 한다는 것, 지붕이 없어서 모든 사람들에게 노출되었다는 등의 불편함이 있을 뿐입니다. 중요한 것은 집에서 누릴 수 여유가 얼마만큼 있느냐 하는 것

입니다.

　언제나 그렇듯이 카트 위에서 사는 이 사람들은 지나가는 사람들의 시선을 크게 의식하지 않습니다. 각자의 역할을 잘 감당합니다. 한낮에도 잠을 청할 수 있는 여유가 있습니다. 우리네와 달리 매달 주택 임대료 걱정을 하지 않습니다. "필리핀은 집 임대료가 너무 비쌉니다."라고 말하는 우리 사정과 너무 다른 것입니다.

　우리네 집에는 어떤 것이 있습니까? 어느 집에는 수영장이 있습니다. 어느 집에는 운동 기구가 있습니다. 어느 집에는 여러 개의 방이 있습니다. 어느 집에는 많은 차량을 주차할 수 있는 주차 공간이 있습니다. 또한 커다란 텔레비전과 오디오가 설치되어 있습니다. 이왕이면 전망이 좋은 집을 선호합니다. 우리는 집을 고를 때, 더 많은 조건들을 포함시키려고 애를 쓰고 있습니다.

그보다 먼저 생각해야 할 것이 있습니다. 행복할 수 있느냐 하는 것입니다. 조건이 갖추어져 있으면 정말로 행복할 수 있습니까?

혹시 살고 있는 집에 불만은 없나요? 먼저, 우리집에 참된 쉼이 있는지, 웃음이 있는지, 회복이 있는지, 말씀이 있는지를 살피면 좋겠습니다. 그 다음에 외부조건을 생각하면 어떨까요?

예수께서 이르시되 여우도 굴이 있고 공중의 새도 거처가 있으되 오직 인자는 머리 둘 곳이 없다 하시더라 마태복음 8장 20절

지프니 공동체

 2차 대전 이후 미군들이 두고 간 지프차를 개조하여 많은 사람을 태울 수 있는 지프니를 만들었습니다. 몇 대나 되는지 헤아릴 수 없을 정도로 필리핀에는 지프니가 많습니다. 필리핀을 대표하는 것이 지프니이며, 서민들의 삶, 그 자체라고 해도 과언은 아닐 것입니다.
 운전을 하다 보면 갑자기 끼어드는 지프니와 아무 때나 길 한가운데서 멈춰서 손님들을 태울 때면 깜짝깜짝 놀랄 때가 많습니다. 정류장이 있어서 예측할 수 있는 것이 아니기 때문에 항상 멈출 것을 예측하고 운전해야 합니다.
 거리의 지프니들을 유심히 보면서 나름대로 이 나라의 문화를 생각해 보았습니다.
 지프니에 탄 사람들은 옆으로 앉습니다. 차가 가는 방향을 보고 앉지 않고 옆으로 나란히 앉습니다. 옆으로 앉는다는 것은 옆 사람과 몸을 부딪치면서 앉게 된다는 것입니다. 개인의자가 아니기 때문에 사람과 사람 사이의 구분이 없습니다. 상황에 따라서 옆으로 옮기면서 앉아야 합니다. 지프니 안에서 몸이 부딪치는 것은 아주 자연스러운 일입니다. 서로의 몸이 부딪쳐도 찡그리지 않고, 이해하는 구조입니다.

지프니에 탄 사람들은 서로 마주 보고 앉습니다. 마주 앉은 사람과의 거리는 그저 한 사람이 겨우 지나갈 정도밖에 되지 않습니다. 너무 가까워서 가끔 눈을 마주치게 되면 민망할 정도입니다. 물론 빤히 쳐다보는 행동은 하지 않겠지만, 서로를 쳐다본다는 것은 자연스러운 듯 보입니다. 너무 가까워서 가끔 땀 냄새도 나지만, 창문이 열려 있기 때문에 그럭저럭 견딜 만합니다. 서로를 쳐다보며 살짝 웃어줄 수도 있는 공간입니다.

지프니에 탄 사람들은 서로 돕는 것이 자연스럽습니다. 지프니를 이용하는 값이 몇 페소 되지 않지만 이것을 운전수에게 전달할 때는 옆 사람의 도움이 있어야 합니다. 또한 거스름돈도 옆으로 옆으로 전달해 줍니다. 그래서 지프니에서 내릴 때까지 여러 번 도움을 주고받아야 합니다. 가끔 큰 물건을 들고 타는 사람들이 있으면 몸을 움직여서 공간을 만들어 주어야 합니다. 함께 들어주기도 합니다.

지프니 기사들이 아무 데서나 멈추고, 끼어들기 때문에 매너가 없다고 생각할 수도 있지만, 꼭 그렇지만은 않습니다. 대부분의 지프니 기사들은 손님이 자리에 앉기 전까지는 출발하지 않습니다. 내릴 때도 마찬가지입니다. 손님이 완전히 내릴 때까지 출발하지 않습니다.

문이 없기 때문에 타고 내리면서 배려하지 않으면 사고로 이어질 수 있기에 항상 확인하고 출발합니다.

재미있는 것 중 하나는 지프니 뒤에 매달려서 가는 사람에게는 차비를 받지 않는다는 것입니다. 돈이 없는 사람도 차를 이용할 수 있으며, 차 안에 더 이상 앉을 자리가 없더라도 이용할 수 있다는 점이 또 다른 배려의 모습입니다.

지프니는 창문이 없습니다. 비가 오지 않는 한, 항상 열려 있습니다. 매연이 그대로 들어온다는 단점이 있기는 하지만 세상과 열려 있는 구조를 갖고 있습니다. 사람들의 소리를 들을 수 있고, 자동차 소리들을 그대로 다 들을 수 있습니다. 지나가는 사람들의 표정을 볼 수 있고, 지나가는 사람들이 지프니 안에 있는 사람들을 볼 수도 있습니다. 감출 것이 없고, 드러났다고 하더라도 이상할 것이 없습니다.

어쩌면 지프니가 필리핀 사람들의 열린 성향을 대변하는 것은 아닐까 생각해 봅니다.

자가용을 이용하는 사람들은 어떻습니까? 옆 사람에게 불편을 주지 않는 개인 의자를 사용합니다. 차에 오르면 묵묵히 앞만 보고 가

든지, 밖을 내다봅니다. 혹은 잠을 청할 수도 있겠습니다. 귀에 이어폰을 꼽고 방해받지 않은 상태에서 나만의 세계로 들어갈 수 있겠지요? 서로 얼굴을 쳐다볼 필요가 없습니다. 특별히 부탁할 일이 없습니다. 동전을 건넬 필요가 없기 때문입니다.

　비단 지프니 한 가지에 국한시킬 수는 없겠지만, 필리핀 사람들의 문화가 교통수단 하나에 다 묻어 있는 것 같습니다. 열린 문화, 즐거운 문화, 웃는 문화가 지프니와 너무 닮았다고 할 수 있습니다.

낯선 사람일지라도 서로 쳐다볼 수 있는 곳, 몸을 부딪치면서 나란히 앉게 되는 곳, 옆 사람을 위해서 도움을 줄 수 있는 곳, 또한 옆 사람의 도움을 받아야 하는 곳, 별로 큰 비용을 들이지 않고도 이용할 수 있는 곳, 세상과 소통할 수 있는 여지가 많은 곳 ……. 우리가 살고 있는 곳, 필리핀은 지프니를 닮았습니다.

우리의 환경은 지프니로 둘러 쌓여 있습니다. 지프니의 매연만 보지 않고, 소통하는 문화를 볼 수 있었으면, 지프니를 이용하지는 않더라도 웃으면서 주변을 돌아볼 수 있으면 좋겠습니다. 편안하게 소통할 수 있는 세상, 우리가 필리핀에 살면서 경험하게 되면 좋겠습니다.

하늘의 소리

 한국 사람과 필리핀 사람 사이의 언어적 장벽은 때로는 불편하기도 때로는 편하기도 합니다.
 필리핀에 사는 한국 사람은 주변 사람들을 개의치 않고 말할 수 있는 여유가 있습니다. 주변 사람들이 대부분 한국말을 알아듣지 못하는 필리핀 사람들이기 때문입니다. 커피숍이든 식당에서든 한국인들끼리 말할 때면, 대화의 소재를 가리지 않습니다. 누가 알아듣는다면 조심스럽게 말해야겠지만, 언어가 다르기 때문에 크게 주변을 신경 쓰지 않고 대화합니다.
 그래서인지 우리들은 남의 이야기를 쉽게 하는 경향이 있습니다. 당사자가 들으면 불쾌할 수 있는 말일지라도 편하게 말합니다. 근처에 한국 사람이 있다면 테이블을 옮기거나 조용히 말하기도 합니다. 하고 싶은 말을 거침없이 아무 때나 할 수 있는 나라, 우리가 살고 있는 이곳 필리핀입니다.

그러다가 필리핀 사람처럼 보이는 한국사람 앞에서 실수하는 경우가 생깁니다.

어떤 사람은 엘리베이터 안에서 실수한 것에 대해 말합니다. 같은 엘리베이터 안에 체격이 좋은 필리핀 사람이 있었습니다. 함께 탄 한국 사람들끼리 대화합니다.

"앞에 있는 사람 뚱뚱하지?"

"누구?"

"모자 쓴 사람, 뚱뚱하잖아"

그 모자 쓴 사람이 엘리베이터를 내릴 때쯤 말을 합니다.

"나, 한국사람이거든요!"

우리 주변에는 한국말을 알아듣는 필리핀 사람이 있을 수 있고, 필리핀 사람처럼 생긴 한국 사람도 있음을 잊지 말아야겠습니다. 말이 통하지 않는것이 예의 없이 말할 수 있는 이유가 되지는 않습니다.

필리핀은 지시하는 말을 많이 하게 되는 땅입니다. 가정마다 거의 현지인 운전기사가 있습니다. 운전기사에 만족하지 못하는 분들이 많습니다. 운전기사가 너무 급하게 운전할 때나, 복잡한 길을 묻지도 않고 들어설 때면 화가 나기도 합니다. 금방 갈 수 있는데도 길을 잘못 선택해서 평소보다 시간이 많이 걸리면 화가 납니다. 이때,

"왜 그렇게 했느냐?"라고 화풀이 하게 됩니다. 직접적으로 화를 내지 않더라도 누군가에게 푸념을 늘어놓습니다.

"우리집 운전기사는 운전을 잘 못해!"

혹은 "운전기사 때문에 답답해!" 등의 말을 하기도 합니다.

이렇게 말한다는 것은 운전기사는 내가 지시하는 대로 운전해야 하는 그런 사람으로만 여기기 때문인지도 모르겠습니다.

한집에 살고 있는 메이드를 대할 때도 마찬가지 입니다. 나를 돕는 사람이기보다는 내가 가르쳐야 할 대상일 때가 많습니다. 음식하는 것과 청소하는 것, 빨래하는 것에 대하여 가르치고 지시합니다.

우리는 어쩌면 가까이 있는 사람들을 신경 쓰지 않고 생활하는데 혹은 가까이 있는 사람들을 무시하고 사는 생활에 너무 익숙해져 있는 것은 아닌지 모르겠습니다. 지시하고 가르치려고만 하는 생활에 너무 익숙해져 있는 것은 아닌지 모르겠습니다. 그것이 인건비가 저렴한 나라에 사는 혜택인 것은 분명한데, 인격적으로 무시하는 이유가 될 수는 없습니다.

은연중에 자주 하는 말들이 있습니다. "그가 왜 그렇게 하는지 모르겠다."라는 것입니다. 이는 평가의 말입니다. 대상이 누구든 상관하지 않고 평가하고 불평하고 정죄하는 것이 당연한 문화가 되는 것은 아닌가 싶습니다.

성도 간의 대화도 예외는 아닙니다. 나보다 필리핀에 먼저 온 사람이든, 늦게 온 사람이든 상관하지 않고, 나보다 신앙적으로 앞서가 있는 사람이든, 늦게 믿은 사람이든 상관하지 않고 그저 내 기준으로 평가하는 것이 습관화 되어 있기에 답답할 때가 있습니다.

신앙은 어떤가요? 신앙의 성장은 전적인 수용성에 있습니다. 지시적 언어를 사용하지 않고 자신의 변화를 위해서 적용하는 것입니다. 내가 알고 있는 교회, 내가 알고 있는 예배, 내가 알고 있고 경험한 설교, 그것이 기준의 전부일 수도 있을 것입니다.

오늘 우리가 들어야 할 하늘의 메시지는 무엇인가요? 바리새인들은 예수께서 하나님의 말씀을 잘못 전하고 있다고 질타합니다. 자기들이 익숙한 것과 맞지 않는다고 질타합니다. 그리고 예수님을 죽음의 자리로 몰아갔습니다.

내 중심의 언어적 습관에서 벗어나서 주님께서 주시는 말씀에 귀를 기울여야 할 것입니다.

어디서든 지켜보고 있습니다

올해 유스 코스타(Youth Kosta)는 수빅에서 열었습니다. 수빅한인교회의 예배당에서 집회하고, 호텔에서 숙박하는 형식을 취했습니다. 3박 4일간 수빅에서 운전하고, 집회 참석하고, 생활했습니다.

"수빅"이라는 지역 이미지 중에 첫 번째로 떠올릴 수 있는 말이 엄격함(strict) 입니다. 각종 법규가 까다로운 곳입니다. 특히 외부에서 수빅을 들어가려면 수빅만의 교통법규를 잘 알아야 합니다.

몇 년 전 처음 이곳에 왔을 때, 교통법규를 어긴 적이 있었습니다. 시내로 들어가는 한적한 길이었습니다. 내가 법규를 어겼다고 생각하지도 않았고, 근처에 경찰이 있을 것 같지도 않은 곳이었습니다. 그런데 어디선가 갑자기 경찰이 나타나서 어떤 법을 어겼는지를 알려주었습니다. 다행히 그날은 처음 오는 길이어서 잘 몰랐다고 설명을 한 뒤에 경고 정도로 지나갈 수 있었습니다.

수빅에는 얼마나 많은 경찰이 있는지 모릅니다. 어떤 분들은 경찰이 너무 많다고 불평합니다. 수빅에 있는 한인이 약 1200명으로 본다면 경찰은 그보다 많은 1600명이 된다고 하니, 얼마나 많은 경찰이 있는지는 짐작해 볼 수 있습니다.

이곳은 필리핀 안에서 최고의 안전을 자랑하는 동네이기도 합니다. 수빅에서 사시는 분들은 이런 말씀들을 하십니다.

"어디에나 경찰이 있다고 생각하십시오."

밤중에도 마찬가지입니다. 모두가 잠든 시간, 사람도 자동차도 별로 없는 시간에도 경찰의 업무는 철저하게 계속됩니다.

수빅에서 수련회를 하는 며칠 동안, 숙소에서 교회까지 운전을 하면서 오갔습니다. 비록 짧은 거리이지만 내가 지금 운전을 잘하고 있는가를 자주 생각했습니다. 모든 사거리에서는 우선 멈추어야 하고, 먼저 온 차량부터 건너야 합니다. 며칠 동안의 운전이 약간의 스트레스를 주는 듯하기도 했습니다.

교통경찰뿐만이 아닙니다. 여러 가지 업무를 담당하는 다양한 경찰이 수빅에는 있다고 합니다. 아직도 머릿속에는 그때 들었던 경찰에 대한 말이 맴돌고 있습니다.

"어디서든지 지켜보고 있다."

그렇기 때문에 법을 잘 지켜야 한다는 것입니다. 이로 인해 대충 운전하는 습관을 바로 잡을 수 있습니다. 잘못해서는 안 된다는 경고이기도 합니다.

"어디서든 지켜보고 있다."

이 말은 안전을 위한 말이기도 합니다. 수빅에서는 밤에 거리를 돌아다니는 젊은이들도 여유롭게 다닙니다. 한인이든, 필리핀 사람이든 상관없이 모두가 밤과 낮에 편안하게 다닐 수 있는 곳이었습니다. 안심할 수 있는 곳입니다. 어디서든 지켜보는 경찰이 있다는 것은 안심할 수 있다는 말이 됩니다.

하나님의 손길이 이와 비슷할 것입니다. 어디서든 보시는 하나님이 계시기 때문에 우리가 말씀을 잘 지켜야 합니다. 또한 어디서든 보시는 하나님이 계시기 때문에 평안하고 담대할 수 있습니다.

수많은 경찰보다 더 위대하신 하나님, 그분을 인식하며 살아야 할 것입니다.

…… 연초부터 연말까지 네 하나님 여호와의 눈이 항상 그 위에 있느니라 신명기 11장 12절

창고 세일

가끔 성도님들에게서 이런 연락이 오곤 합니다.
"집에 있는 물건들을 선교물품으로 전달하려면 어떻게 해야 하나요?"

필리핀은 특히 이사가 많은 나라입니다. 한곳에서 오래 머무르는 분들도 계시지만, 대부분 이사를 자주 다니십니다. 1년에 한 번, 집을 옮기시는 분이 있는가 하면, 1년이 채 못 되어서 집을 옮겨야 하는 경우도 있습니다. 보통 집을 계약할 때 1년, 혹은 2년 단위로 계약을 하게 됩니다. 그 집에서 살다 보면 불편하다든지, 맘에 들지 않는 부분이 생깁니다. 혹은 더 싼 집을 구한다든지, 학교나 시장이 더 가까운 곳에 좋은 집이 생길 때도 있습니다. 아니면 집주인에게 사정이 생겨서 집을 옮겨야만 하는 경우들도 있습니다.

집을 옮긴다는 것은 보통 큰일이 아닙니다. 그 많은 물건들을 어떻게 처리해야 하는지가 고민 중 하나입니다. 모두 다 새집으로 가지고 가면 좋겠지만, 그렇게 할 수만은 없습니다. 꼭 옮겨야 하는 물건들이 있는가 하면, 그동안 버리고 싶었지만 버리지 못하고 가지고 있던 물건들도 있습니다. 이런 물건들을 처분하는 데는 몇 가지 방법이 있습니다.

우선 창고 세일(Garage Sale)이 그 첫 번째입니다. 콘도미니엄 같은 데서는 불편하지만, 빌리지에 사시는 분들은 이사하기 전에 창고 세일(Garage sale)을 합니다. 그냥 버리기에는 아깝고, 가지고 있어도 사용할 것 같지 않은 물건들을 동네 사람들에게 싼 가격에 판매하는 것입니다. 며칠 전부터 광고를 하고, 당일에 판매를 하게 됩니다. 이때 많은 한국 분들이 놀라는 것은 의외로 사람들이 많이 찾는다는 것입니다. 쓸모없을 것 같은 물건들도 행복한 표정으로 구입을 하는 것을 보면서 작은 보람도 느끼는 순간입니다.

한국에서는 버리는 물건들이 이곳에서는 재활용되는 것을 보면, 이 나라가 조금 더 좋은 면을 갖고 있는 것은 아닌지 모르겠습니다.

창고 세일을 하지 않는 분들 가운데, 쓸만한 물건들을 가깝게 지내던 분들에게 전달합니다. 이 나라에 남아서 오래 사실 분들에게는 꽤나 유용합니다. 기쁜 마음으로 전달하고, 행복한 마음으로 받는 모습이 여기에 있습니다.

그래도 남는 것들은 선교물품으로 활용됩니다. 특히 한국으로 돌아가시는 분들에게서는 많은 물품들이 나옵니다. 비행기나 배로 운반을 해야 하기 때문에 비용이 많이 들 수 있다는 문제, 한국으로 가지고 가 봐야 유행에 뒤떨어졌기에 활용가치가 없는 경우도 있습니다. 이런 물건들을 선교물품으로 기부합니다. 물품이 많을 경우, 때로는 교회에서 차량을 지원해서 가져오기도 합니다.

이렇게 들어온 선교물품들은 어렵게 사는 필리핀 지역(바랑가이 286이나 다른 선교지역)에 전달됩니다. 그곳에서는 무상으로 전달되기도 하고, 지역 바랑가이에서 싼값에 판매하여 지역을 위해서 좋은 일에 사용하기도 합니다.

많은 혜택을 받으면서……. 또 누군가에게 도움을 주면서 살 수 있는 이 땅이 좋습니다. 아무런 도움도 필요 없을 정도로 풍부한 사람도 없으며, 무작정 도움만 받고 살아야 할 정도로 연약한 사람이 없다고 생각합니다.

바울의 고백이 귓전에 울리는 듯 합니다.

나는 비천에 처할 줄도 알고 풍부에 처할 줄도 알아 모든 일 곧 배부름과 배고픔과 풍부와 궁핍에도 처할 줄 아는 일체의 비결을 배웠노라 빌립보서 4장 12절

주는 사람과 받는 일들이 자연스럽게 늘어나고, 주는 사람과 받는 사람이 행복한 공동체였으면 좋겠습니다.

즐겁게 교통하라

 신호등이 거의 없고, 거리가 복잡한 마닐라 시내에서 운전하는 것이 처음에는 쉽지 않았지만, 이제는 나름대로 재미있고 편안해졌습니다.
 가장 신경이 많이 쓰이는 운전은 퇴근시간대의 운전일 것입니다. 그때는 차량도 많고 거리에 사람들도 많습니다. 사거리를 한번 지나려면 한참을 기다려야만 합니다. 언제쯤 필리핀 교통지옥에 적응하게 될까요? 적응이 안 된다면 즐기면 되겠지요? 길이 막힐 때는 특히 교통경찰의 역할이 절실히 요구됩니다. 막히는 도로에서 그들을 보는 것이 이제는 반갑고 익숙합니다.
 이 나라에 와서 처음 필리핀 교통경찰을 보았을 때 어색하기 그지 없었습니다. 가벼워 보이기도 하고, 한국 경찰처럼 절도도 없이 그저 동네 아저씨 같은 이미지였습니다. 가끔은 이런 생각을 합니다.

"정말로 교통경찰의 역할을 잘 하고는 있는 것인가?"

"그런데도 이렇게 길이 막힌단 말인가?"

가끔은 신호등이 있어도, 신호등에 의지하기보다는 경찰의 수신호에 의해서 차량이 움직입니다.

필리핀 교통경찰들의 특징 중 하나는 손동작이 크다는 것입니다. 멀리서 보더라도 잘 보일 정도로 손을 쭉쭉 뻗어서 차량들을 인도합니다. 손바닥을 보이면 차를 멈추어야 합니다. 어느 경우에는 손바닥이 빨간, 커다란 장갑을 사용하기도 합니다.

차가 막히는 길은 무척 길게 늘어져 있지만 멀리서도 그들의 손동작을 볼 수 있습니다. 한국의 커다란 사거리에 단 한 명의 교통경찰이 차량을 통제하는 것과는 달리 여러 명이 차량을 안내합니다. 때로는 두 명, 세 명이 나란히 서서 손짓을 합니다. 나는 그 손짓을 보면서 '과감한 손짓'이라고 합니다. 그들은 적극적으로 안내해 줍니다. 어디에 멈추어야 하는지 손가락으로 지시합니다.

언어로 말은 하지 않지만 저는 알아들을 수 있습니다.

"바로 여기까지 와서 대기하세요."

가끔은 걸어가서 그곳까지 차를 안내하기도 합니다. 그때는 고맙다는 생각을 합니다. 편안하게 차를 이동할 수 있기 때문입니다.

이런 교통경찰의 수신호에 따라 움직이면서 가끔 그들과 눈을 마주칩니다. 명확한 교감입니다. 중앙선을 넘어서 좌회전을 할 때는

바로 자기 앞에 와서 대기하라는 신호를 보냅니다. 그리고 웃습니다. 곧바로 다른 차량을 안내합니다. 교통경찰의 안내에 따르지 않으면 크게 화를 내기도 하지만, 이제 어느덧 교통경찰의 수신호에 익숙해졌습니다. 교통경찰이 하는 일은 사람이 하는 일이라는 생각을 해 봅니다. 사람이 차를 안내하는 것이 아니라, 사람이 사람을 안내한다는 생각을 합니다. 또 어떤 경찰은 춤을 추면서 차량을 안내합니다. 그 사람의 안내 때문에 한동안 즐겁습니다. 춤추는 사람이 운전하는 사람을 즐겁게 하고, 서로 눈이 마주칠 때 웃어줍니다.

차량의 소통, 즉 교통(交通)이 사람과 사람의 소통(疏通)을 담고 있습니다. 막힐 때, 모두가 힘들지만 사람과 사람 사이의 마주치는 눈빛과 흐르는 교감이 있었으면 좋겠습니다.

우리의 생활에서 막힘없이 즐거운 소통이 있어야 할 것입니다. 또한, 내가 인간관계의 교통경찰을 역할을 할 수 있습니다. 막혀 있는 관계들을 시원스레 열어주는 것입니다.

혹시, 누군가와 막혀 있는 것이 있습니까? 웃으면서 조금씩 풀어낼 수 있으면 좋겠습니다

트라이씨클에 놀라다

　갑자기 끼어들어서 놀라고, 길 한가운데 갑자기 멈추어서 놀라고, 승객이 내리고 나면 곧바로 방향을 뒤로 돌려서 되돌아가는 신속성에 놀라게 만드는 필리핀의 대표 교통수단, 바로 트라이씨클입니다.
　필리핀에 처음 오던 날, 트라이씨클의 모양에 놀랐습니다. "저게 뭐지?" 라고 말하면서 눈을 떼지 못했습니다. 오토바이를 개조한 것이 마치 2차 세계대전 당시 일본군 혹은 독일군 장교들이 타던 것을 연상시켰습니다.
　시간이 지나면서 트라이씨클이 너무 흔하다는 것에 놀랐습니다. 어느 초등학교 앞을 지나갈 때에 끝이 보이지 않게 늘어서 있었고, 어느 도시를 가든지 너무나 많았습니다. 그때는 이런 생각을 한적도 있습니다. '왜 택시를 타지 않을까? 왜 대중교통을 이용하지 않을까?' 살면서 이 나라의 도로사정과 경제적 상황들을 이해하면서 트라이씨클이어야만 하는 이유를 깨닫게 되었습니다.

그 활용성에 놀랐습니다. '어떻게 만들었을까?'를 생각하면서 유심히 보았습니다. 추가적으로 달린 바퀴에도 쇼바가 달려 있어서 충격을 완화할 수 있습니다. 이것은 타는 사람들의 편의성을 배려한 것입니다. '사람이 타는 것'이라는 사실을 입증하는 것입니다.

'비가 오는 날에는 어떻게 하지?'라고 염려하는 것도 기우였습니다. 충분히 비를 피할 수 있도록 준비가 되어 있었던 것입니다. 평소에는 둘둘 말려 있는 비닐을 비가 올 때마다 내리면 그것이 곧 창문이 되는 것입니다.

가끔 그런 생각을 합니다. '도대체 몇 명이나 타는 거야? 6명? 7명?' 아이들을 포함할 때는 열 명도 넘는 것 같습니다. 공간이 좁기는 하지만 가끔 짐을 싣기도 합니다.

타고 내릴 때, 그 신속성에 놀라기도 합니다. 문이 항상 열려 있고, 타는 곳이 낮기 때문에 타고 내리는 것이 쉽습니다. 트라이씨클에는 방향등이 없습니다. 손을 뻗으면 그것이 가는 방향을 가리키는 것입니다. 운전수는 뒤를 돌아보지 않습니다. 뒤에 따라오는 차량이 당연히 멈출 것으로 아는 것입니다. 아니, 믿는 것입니다.

트라이씨클에서 무엇을 보셨나요? 트라이씨클에서 "겸손의 코드"를 보고 싶습니다. 트라이씨클을 타려면 머리를 숙이고, 허리를 구부린 채 들어가야 합니다. 가방이 있다면 자기 안으로 끌어안아야 합니다. 앉아 있는 동안에도 허리를 펴지 못하고 웅크리는 듯 앉아야만 합니다. 승용차에서 허리를 쭉 펴고 앉던 것과는 다른 것입니다.

자기 지역이 분명하게 있습니다. 큰 길을 넘어가지 못합니다. 동네에서만 움직입니다. 만일, 다른 지역으로 넘어갈 경우에는 그 지역 트라이씨클 기사들이 화를 냅니다. 너무 욕심내지 말라는 뜻으로도 볼 수 있겠지요?

그런가하면 트라이씨클 안에 배려의 코드가 있습니다. 그 안으로 들어가면 세 명이 앉을 수 있습니다. 들어가 보면 의외로 공간이 좁다는 느낌을 갖습니다. 내가 탈 때는 세 명이서 탄 적이 없었기에 그렇게 불편하지는 않았는데, 만일 그 좁은 공간에 세 명이 들어가게 된다면 숨이나 제대로 쉴 수 있을까, 얼마나 더울까를 생각해 보았습니다. 배려해야만 서로 불편하지 않을 수 있는 구조를 가지고 있습니다. 목적지에 갈 때까지는 개인적인 행동은 할 수 없는 것입니다.

그것은 '쉼의 공간'이기도 합니다. 트라이씨클은 기사들의 휴식 공간입니다. 손님이 없을 때는 그 위에 누워서 잠을 청합니다. 한낮에는 길게 늘어선 트라이씨클에 대부분의 기사들이 누워있는 것을 흔히 볼 수 있습니다. 더운 나라에서 체력을 비축하는 지혜로운 방법인 것입니다.

우리가 트라이씨클을 볼 때, 단순히 시끄러운 것이나 매연만을 본다면 아마도 한쪽만 보는 것이겠지요? 그들에게 트라이씨클은 교통수단으로써 고마운 존재임과 동시에 친근하고 유익한 것입니다.

우리는 크게, 넓게, 풍요롭게, 편하게……. 이런 방향이 정답인 것 같은 시대에 살고 있습니다. 이 나라에 살면서 이해해야 할 것, 적응해야 할 것, 양보해야 할 것들이 많습니다. 한국인의 시각보다 그들만의 삶을 살아가는 이 나라 사람들 속에서 함께 어울리는 것도 필요하지 않을까 싶습니다.

생명, 다시 얻은 생명

지난 수요일 오후 1시, 운전기사 써니의 아들에게 사고가 있었습니다.

15살, 아직 학생인데 외지에서 온 아이들과 실랑이가 있었다고 합니다. 상대편 아이들은 힘에서 밀리게 되었고, 그의 아들이 더 이상 싸움을 하지 않겠다고 말한 후 돌아서서 가려고 했습니다. 그때 상대편 아이가 갑자기 칼을 꺼내어 달려들었습니다. 그 상황에서 그만 심장을 찔리게 된 것입니다. 아이는 친척에 의해서 병원으로 옮겨졌습니다.

써니는 수리 맡긴 교회 물품을 퀘존에서부터 가지고 오던 중이었고, 곧바로 병원으로 달려갔습니다. 빨리 수술을 해야 하는 상황이었지만, 병원에서는 피가 없다고 합니다. 한 집사님에게 먼저 연락이 갔고, 임시 수술에 필요한 비용이 지원되었습니다. 그 돈으로 혈액을 공급하는 곳에 가서 혈액을 구입했으며, 느즉이 수술이 시작되었습니다.

당황에서였을까요? 정작 내게는 오후 늦게 연락이 왔습니다. 수요예배를 마치고 병원에 도착했을 때가 밤 9시 경이었습니다. 그때까지 수술이 진행 중이었습니다. 왜 이렇게 수술이 늦게 되었느냐고 써니에게 물으니 피가 없어서라고 답합니다.

병원에 어느 정도의 혈액이 준비되어 있었으면, 아니, 조금 더 일찍 혈액을 구입할 수 있었으면 좋았을 텐데 하는 생각을 해 보았습니다. 안타까운 마음이 들었습니다. 모인 가족들은 이미 죽은 것으로 여겼습니다. 그 무언가 마지막 끈을 붙잡으면서도 그들은 절망하고 있었습니다.

문제는 수술을 마친 뒤에도 있었습니다. 가족들이 수술실 앞에서 의사가 나오기를 기다렸습니다. 마침 수술을 마친 의사가 나와서 수술경과를 설명해 주었습니다. 수술을 마쳤지만 결과는 장담할 수 없다고 합니다. 살아난다면 기적이라고 합니다. 그리고 수술할 때 사용된 혈액보다도 더 많은 혈액이 필요하다고 말합니다.

써니에게 어떻게 할지를 물었습니다. 답이 없습니다. 그에게는 해결할 길이 없는 것입니다. 지금 당장 아들의 생명을 살리기 위한 피를 구입할 돈이 없는 것입니다. 병원에는 부인과 자녀들, 친척들이 모여 있었지만 그 문제를 해결할 사람은 아무도 없었습니다.

급한대로 내가 가지고 있는 것을 주고, 병원(파식)에서부터 혈액 공급처(만달루용)까지 다녀오도록 했습니다. 내게는 그렇게 큰 돈이 아니었지만, 그에게는 아들을 살릴 수 있는 돈이었습니다. 내게는 며칠 생활할 수 있는 돈이었지만 그에게는 절박한 돈이었습니다. 내 지갑에 마침 그것이 있어서 감사했고, 사용될 수 있어서 감사했습니다.

어째서, 성실하게 살아온 그 아버지는 아들의 생명 앞에서 이렇게 약할 수밖에 없었을까도 생각해 보았습니다. 그리고 기도하고 또 기도했습니다. '생명을 살려 달라고…….' 울고 있는 아이의 어머니를 보니 더 그런 마음이 듭니다. 자식을 잃을 수도 있는 절박한 상황에서 그들에게는 별로 할 수 있는 힘이 없었습니다. 그저 기도할 뿐입니다. 눈물을 흘릴 뿐입니다. 의사가 심장을 꺼내서 수술을 하고 다시 꿰매었지만 그 생명은 하나님께서 주관하고 계셨습니다. 급하게 피를 공급할 수 있게 하였지만 그 생명은 하나님께서 주관하고 계셨습니다. 이틀 동안 그 심장이 제대로 뛰지 않아서 살아날 희망이 없다고, 지켜보는 사람들이 마음 졸이면서 힘들어 했지만 그 생명은 하나님께서 주관하고 계셨습니다.

밤늦게 집에 돌아와서 하나님께 기도하는 중에 주께서 평안함을 주셨습니다. '살겠구나.' 하는 확신이 들었습니다. 새벽예배 때 기도하고, 제자훈련 시간에 기도하고, 중보기도회에 기도 요청을 했습니다.

  다음 날 아이는 집중치료실에 있었고, 써니로부터는 깨어났다는 메시지나, 심장이 안정을 되찾았다는 소식을 들을 수 없었습니다. 20%도 안 되는 희망의 끈을 붙잡고 기다릴 뿐입니다. 기다림의 시간이 이틀이었습니다. 이틀 뒤에 아들은 깨어났습니다. 심장이 안정적으로 움직인다는 소식을 들었습니다. 금요일, 제자훈련을 마치고 다시 병원에 찾아갔을 때는 아이가 일반 병실로 옮긴 뒤였습니다. 그 아이는 깨어 있었습니다. 감사했습니다. 하나님께 감사했습니다.

  기도해 주고, 그에게 말했습니다.

  "하나님께서 너의 생명을 구해주셨다."

  그것밖에는 설명할 말이 없었습니다.

도마뱀이 나보고 놀라지 말라고 한다

　사람이 살면서 그 어떤 생명체와 관계를 맺습니다. 흔하게는 파리와 모기, 혹은 개미와 하루살이 등이 있는가 하면 부담스러운 생명체인 쥐, 바퀴벌레 등이 있습니다. 필리핀에서는 나무를 갉아먹는 아나이(Anay)가 있습니다.

　그 개체가 사람에게 피해를 주지 않고, 손수 처리할 수 있다면 상관없겠지만 개체수가 많아서 감당할 수 없을 정도라면 스트레스의 또 다른 원인이 되기도 합니다.

　첫 목회지에서는 쥐를 잡는 데 시간을 많이 보냈습니다. 낡은 집이었습니다. 추위를 덜기 위해서 각 방마다 안쪽으로 10cm짜리 스티로폼을 덧댔는데, 그 속으로 쥐가 다니기도 했습니다. 특히 가을 추수가 끝난 뒤에는 작은 쥐들이 집 안으로 들어왔습니다.

　내 탁월한 쥐 잡는 실력은 그때부터 드러나기 시작했던 것입니다.

끈끈이 한 개로 한 방에 여섯 마리를 잡았던 기억과 떼어내고 재사용했던 기억은 스릴 있는 기억이고, 너무 큰 쥐 때문에 임신한 아내가 놀라서 그 즉시 유산한 것은 가슴 아픈 기억입니다.

집 안에서 뱀을 잡은 기억도 그다지 떠올리고 싶지 않은 것 중의 하나입니다.

태안에서 목회한 적이 있는데, 그곳은 지네가 많은 동네였습니다. 너무나도 감사한 것은 교인들이 밤에 잠을 자다가 지네에 물린 이야기들을 하였지만, 우리 가족은 6년을 지내는 동안에 집 안에서 지네를 본 적이 거의 없었다는 것입니다. 내 눈에 몇 마리가 눈에 띈 적은 있었지만 가족의 충격을 생각해서 지금까지 말하지 않았습니다.

필리핀의 명물은 아마도 도마뱀일 것입니다. 도마뱀의 기억은 어릴 적 뒷산에 올랐다가 본 정도입니다. 초등학교 1학년 때쯤, 도마뱀을 보고 급하게 잡았는데, 그 도마뱀은 그만 꼬리를 남겨두고 도망가 버렸습니다. 필리핀에서 와서 본 도마뱀도 그러한 종류일까 생각했습니다. 도마뱀은 뱀이라는 명칭을 사용하지만 파충류 중에서 조금은 다르게 분류할 수 있지 않을까요? 다리가 있다는 것이, 배로 기어다니지 않는다는 것이, 독이 없다는 것이 일반 뱀과 다르며 긴 혀로 파리 같은 것을 잡아먹는 것이 카멜레온에 가까운 듯합니다.

학계에서는 파충류의 분류들이 아직까지 명확하지 않다고 합니다.

파충류의 한 종류인 도마뱀이 필리핀에 사는 우리에게는 너무나도 가까운 존재입니다. 가끔 우리 집에 와서 머무는 분들은 도마뱀 때문에 놀라거나 심한 경우는 밤을 꼬박 지새우기도 합니다.

요즘 들어 도마뱀이 너무 많다는 생각을 합니다. 큰 도마뱀뿐만이 아니라, 작은 도마뱀이 곳곳에서 보입니다. 가끔은 눈앞에서 책 상 위로 툭 떨어지기도 합니다. 한꺼번에 두세 마리들이 보이기도 합니다. 가족들도 도마뱀 이야기를 예전보다 더 자주 합니다.

그렇지만 아무도 도마뱀을 싫어하지는 않습니다. 거의 의식을 하지 않습니다. '도마뱀은 집안에 좋은 생물이다.' 라는 것은 누구나 다 알고 있습니다. 그러나 본 사람은 거의 없습니다.

필리핀에 온지 얼마 되지 않아서 소파에 앉아 있을 때 한 마리의 도마뱀이 맞은 편 벽에 붙어 있는 것을 보았습니다. 도마뱀과 1미터 정도의 거리에는 나방이 있었습니다. 문득 '도마뱀이 나방을 잡아먹으려는 건가?' 라는 생각이 들었습니다. 그렇지만 도마뱀이 잡아먹기에는 너무 큰 나방이었습니다. 도마뱀과 거의 맞먹는 크기였기 때문입니다. 순간적이었습니다. 긴 혀로 나방을 입에 문 뒤에 책장 뒤로 사라졌습니다.

그런 것이었습니다. 도마뱀의 먹이는 집 안에 있는 해충들이었던 것입니다. 보이지 않는 곳에서 많은 일들이 일어나는 것입니다. 그러고 보니 지금까지 우리 가족에게 해충으로 인한 피해는 없었던 것

같습니다. 아마도 도마뱀의 혜택이 있었으리라 생각해봅니다.

 그리스도인이란 보이지 않는 곳에서 응원하는 사람이어야 할 것입니다. 우리는 서로 상처 받기 쉬운, 연약한 인간입니다. 보이지 않는 곳에서 힘이 되는 관계를 기대합니다. 여러 가지 부정적인 이야기들을 듣지만 묵묵히 기다려주고 긍정적인 말로 응원해 주는 사람이 되어야 할 것입니다. 우리는 서로 그런 존재가 되었으면 좋겠습니다.

내가 너와 함께 있어 네가 어디로 가든지 너를 지키며 너를 이끌어 이 땅으로 돌아오게 할지라 내가 네게 허락한 것을 다 이루기까지 너를 떠나지 아니하리라 하신지라. 창세기 28장 15절

내게서 풍겨나는 향기

　필리핀에 처음 와서 인상 깊었던 것은 필리핀 특유의 냄새였습니다. 특히 콘도 1층에 있는 편의점에 들르면 표현할 수 없는 강렬한 냄새 때문에 오래 있을 수 없었습니다. 당시에는 '이 냄새를 맡으면서 편의점에 자주 들를 수 있을까?'라는 생각까지 하였고, 가게의 냄새로 인해서 편의점에 들르지 않거나 들르더라도 빨리 나오곤 했습니다. 어떤 비누 냄새 같기도 하며, 방향제 같기도 한 그 냄새의 기억이 남아 있습니다.

　지금은 ……. 무언가 바뀌었습니다.

　같은 편의점에 들어가면서도 냄새를 생각하지는 않습니다. 그저 내가 사야 할 물품만을 생각할 뿐, 특유의 냄새가 나를 불편하게 하지 않습니다. 편의점이 바뀐 것이 아니라, 내가 그 냄새에 익숙해진 것이 분명합니다. 필리핀만의 냄새에 동화된 것을 느낍니다.

냄새, 혹은 향기에 대해서 어떤 기억이 있나요?

사람을 기분 좋게 하는 향기가 있습니다. 나는 아침 커피 향기를 좋아합니다. 커피통의 뚜껑을 열고 숨을 크게 쉬면서 커피향을 들이마십니다. 커피의 종류에 따라 향이 다릅니다. 강렬한 향과 은은한 향, 표현할 수 없는 좋은 향이 있습니다. 어느 날은 향에 한참동안 매료되기도 합니다. 그저 커피를 마시지 않더라도 그 향만으로도 좋은 아침이 됩니다. 조금 더 커피향에 대한 지식을 가지고 있다면 더 매력적으로 표현할 수 있으리라는 생각을 합니다. 그라인더에 커피를 갈 때에 나는 냄새가 있고, 추출할 때 거실 가득히 퍼지는 향은 아침을 기분 좋게 시작하게 만듭니다.

이 향에 매료되어 하워드 슐츠는 시애틀 스타벅스의 주인이 되기도 했습니다. 또한 그는 매장에서 음식 냄새가 섞이는 것을 반대하여 샌드위치 종류들을 팔지 못하도록 결정하기도 했습니다. 팔더라도 냄새가 나지 않는 것으로만 제한했던 것이지요.

사람에게도 향기가 있습니다. 창세기에서 이삭은 아들 야곱을 향하여 축복하기를 "그가 가까이 가서 그에게 입 맞추니 아버지가 그의 옷의 향취를 맡고 그에게 축복하여 이르되 내 아들의 향취는 여호와께서 복 주신 밭의 향취로다(창 27:27)."라고 하였으며, 바울은 "너희는 그리스도의 향기라."라고 했습니다. 그 향기가 어쩌면 누군가에게는 커피향과 같을 수 있으며, 누구에게는 꽃향기와 같을 수 있습니다. 2천 년 전 그리스도께서 사람들에게 생명을 살리는 향기였던 것처럼 오늘날 우리들도 그 누군가에게 유익한 향기, 행복한 향기였으면 좋겠습니다.

살아가면서 풍기는 내 향기가 악취가 아니기를 힘써야 할 것입니다. 나의 언어가 누군가의 인상을 찌푸리게 하지는 않아야 할 것입니다.

좋은 향기가 우리의 코를 자극할 때, 자연스럽게 얼굴이 환해지는 것처럼 내가 누군가에게 다가서면 근심어린 표정을 환하게 할 수 있기를 소망해 봅니다.

내가 향기를 담기 위해서는 향기의 근원에 가까이 하는 생활을 해야 합니다. 향기의 근원인 그리스도에게 가까이 해야 할 것입니다. 그리스도의 향기가 우리에게서 풍겨나야 합니다. 그렇게 되려면 그리스도와 가까이 사귀어야 합니다. 자연히 예수의 향기가 내 몸에 배어나는 것입니다.

항상 우리를 그리스도 안에서 이기게 하시고 우리로 말미암아 각처에서 그리스도를 아는 냄새를 나타내시는 하나님께 감사하노라.
고린도후서 2장 14절

부겐빌레아(Bougainvillea)

누군가 묻기 전에는 궁금하지 않았습니다. 한국에서 오신 손님들은 이것저것을 묻습니다. 거리를 보면서 궁금한 것들을 묻는 것입니다.

얼마 전에는 담장에서 흔히 볼 수 있는 꽃의 이름을 물어옵니다. 매일같이 거리에서 볼 수 있는 붉은 색 꽃이었지만, 강렬한 향이 있는 것도 아니요, 그리 아름답지도 않습니다. 평소 관심이 없던 것이기에, 질문을 받으면서도 그제서야 나도 궁금해졌습니다. 그리고 약간 당황스러웠습니다. 우리 옆에 항상 있지만 관심을 받지 못한 꽃이었습니다. 그날 내게 꽃 이름을 물어오신 분은 마닐라 근교를 관광하면서 그 꽃이 무엇인지 몇 차례 물으셨습니다. 그분은 평소 꽃에 관심이 많으신 분이셨습니다. 그 질문을 받았을 때는 "역시 목사님다운 질문이십니다."라고 했습니다.

그분은 한국으로 가셨지만, 제대로 답해 드리지 못해서 죄송했습니다. 그 뒤로 만나는 사람마다 물어보고, 필리핀 사람들에게도 물었지만 제대로 대답해 주는 사람이 없었습니다.

그러다가 우연히 어느 선교사님 댁에 가서 알게 되었습니다. 선교사님의 집 바깥 담장은 온통 그 꽃으로 덮여 있었습니다.

"이 꽃 이름 혹시 아세요?"

"아! 우리 집 메이드가 알아요."

무언가를 알게 되었을 때의 기쁨이 그날 내게도 있었습니다.

필리핀 메이드가 정확하게 나에게 적어 주었습니다.

부겐빌레아(Bougainvillea)!

한국의 철쭉과도 같으며, 필리핀 어디서나 흔히 볼 수 있는 꽃을 말하는 것입니다. 분꽃과에 해당하는 이 꽃은 1년 내내 피는 꽃이며 흰색, 분홍색, 보라색, 주황색 등 다양한 색의 꽃잎을 가지며, 건조하고 비옥한 토양에서 잘 번식하는 꽃입니다. 이제 그분에게 그 꽃에 대하여 알려드릴 수 있게 되었습니다. 또한 누구에게나 자신 있게 설명해 줄 수 있습니다.

나는 그 꽃을 이렇게 정의합니다.

"늘 우리 주변에서 볼 수 있으며 1년 내내 꽃을 피우지만 관심 받지 못하는 꽃"

지난 주 이 꽃을 생각하면서 가정을 떠올렸습니다. 1년 내내 함께

하면서도 몰랐던 마음, 혹은 1년 내내 나에게 표현을 했음에도 불구하고 몰라주었던 가족에 대한 미안한 마음이 어쩌면 그 꽃에 대한 나의 마음과 닮았습니다.

그렇게 부겐빌레아(Bougainvillea)는 잔잔한 고마움을 담은 꽃으로 기억됩니다.

어린이 날

　5월 5일, 일명 어린이날의 아침이었습니다. 새벽기도를 마치고 집으로 돌아와서 아이들에게 외쳤습니다.
　"오늘은 즐거운 어린이날, 그러나 여기는 필리핀이기 때문에 아무런 일 없이 그냥 지나가도록 한다!"
　예상대로 아이들은 민감하게 반응했습니다. 특히 막내가 말합니다.
　"안 돼요. 우리는 한국 사람이기 때문에 한국식으로 해야 돼요. 선물 주세요."
　여전히 부모로부터 별 반응이 없자, 막내가 추가 반응을 보입니다.
　"만약 오늘 선물을 안 사주시면 어버이날 꽃 안 달아드릴 거예요."
　저녁에 현관문을 열고 들어가는데, 문을 열자마자 바닥에 편지가 놓여 있었습니다. 둘째의 편지였습니다.

"우리는 한국사람이잖아요. 제발 ……. 그리고 오늘 공부 좀 했어요."

예쁘게 봐달라는 뜻이 담긴 편지였습니다. 미안하게도 어린이날은 그렇게 지나갔습니다. 그것이 필리핀식인지 모르지만 자녀의 선물을 챙겨줄 겨를이 없었기에 그냥 지가가게 된 것 같습니다.

어버이날이 되었습니다. 아침 식탁에서 아이들이 말합니다.

"어머니, 아버지가 어린이날 선물을 안 사주셨으니까 오늘 어버이날에 아무것도 없어요. 여기는 필리핀이니까요."

"……."

세상이 그렇게 조건에 의해서 계산적으로 움직였던가?

한국에서의 어린이날을 생각해보았습니다. 아이들에게 많은 것을 해주지는 않았지만 어린이날을 기대하게 했던 것은 분명합니다. 놀이동산이나 여행, 오랫동안 마음에 담아 두었던 선물 사주기, 혹은 온 가족이 함께 외식하기 등. 해마다 아이들이 행복할 수 있는 두어 가지는 제공했던 것 같습니다.

부모가 주는 것이 많았음에도 불구하고 오로지 오늘 당장 부모에게 필요한 것만 요구하는 아이들. 상황이 달라졌음에도 불구하고 아랑곳 하지 않는 아이들의 모습을 보면서 내 모습을 돌아봅니다. 아이들 모습이 하나님 앞에서의 내 모습이기도 한 것입니다. 많은 사랑을 받았으면서도 여전히 내 필요만을 아뢰는 내 모습 말입니다. 변함없는 하나님 사랑을 가끔 잘 느끼지 못할 때가 있습니다. 그리하여 오늘 철든 아들의 모습으로 하나님을 아버지라 부르며 당신께 자녀의 도리를 다하고자 다짐합니다.

바이러스

'내가 왜 아프지?'

밤새도록 배가 아프고 하루 종일 고생하게 되었습니다. 음식을 먹지 못하고 기운이 없었습니다. 심방은 해야겠고, 속은 아프고 해서 정신을 차릴 수가 없었습니다. 숨고르기를 하면서 겨우 하루를 넘겼습니다. 나 혼자만 아픈 것이 아니라, 온 가족이 차례로 고생을 하게 되었습니다. 순서적으로는 내가 맨 나중에 아픈 사람이었습니다.

며칠 전, 큰 아들로부터 시작해서, 둘째 아들, 막내까지 이틀 정도씩 아팠습니다. 거의 비슷한 증상입니다. 막내의 경우는 밤새 아팠고, 다음 날은 학교에 가지 못했습니다.

내가 아픈 이야기를 몇몇 사람들에게 했을 때, 몇 가지를 알게 되었습니다. 우선, 그 병은 요즘 유행하는 병이라는 것입니다. 집집마다 가족 전체가 돌아가면서 아프다는 것입니다. 또 하나는 약이 없다는 것입니다. 그냥 하루 이틀 참으면 된다는 것입니다. 그래도 다행입니다. 우리의 몸이 그 정도는 견딜 수 있도록 되어 있다네요.

이것이 유행성 바이러스입니다. 바이러스는 한 군데에서 시작하여 온 집안, 온 동네에 퍼져 사람들을 아프게 합니다. 도대체 어떤 경로를 통해서 퍼지는지를 생각해 보았습니다. 공기를 통하여 퍼지는 것일까? 물이나 음식을 통하여 배속으로 들어가는 것일까? 생각하고 추측해 보았습니다. 분명한 것은 아프게 한다는 것, 해롭게 한다는 것, 생활을 불편하게 한다는 것입니다. 도움이 별로 되지 않는다는 것입니다. 바이러스 중에는 몸에 해로운 것이 있는가 하면 몸에 유익한 것들도 있습니다.

사람 사이에서도 바이러스가 있습니다. 사람을 해롭게 만들고 자신이 속한 공동체 전체를 아프게 합니다. 부정적인 말은 전염성이 아주 강합니다. 많은 사람을 아프게 합니다. 그 바이러스에 걸린 사람들은 사람마다 증상이 비슷합니다. 낙심되고 사람 만나기 싫고, 마음이 상합니다. 상대의 단점만을 지적하는 말, 이 또한 영향력이 큰 바이러스입니다. 일하기 싫고 말하기 싫게 만듭니다. 움츠러들게 합니다.

반대로 격려의 말이나 용기를 주는 말은 죽어가는 사람도 살게 만듭니다. 웃음이 나게 하는 말, 밝게 만드는 말은 상대방에게 가능성을 줍니다.

나는 영향을 받고 있는 사람인가요, 영향을 끼치는 사람인가요. 이제 선택하십시오. 그것은 다시 나에게 영향을 줄 것입니다.

세탁기

 30여 년 전, 우리집에 세탁기가 처음 들어오던 날을 생생하게 기억합니다. 그것은 '스스로 빨래를 해주는 좋은 기계'였습니다. 매일 빨래하는 고통에서 해방시켜 줄 수 있는 꿈의 물건이었습니다. 세탁기가 처음 우리 집에 오던 날 어머니께서 무척이나 행복해하셨습니다. 지금처럼 세탁과 탈수가 한 번에 되는 것이 아니었지만 그 편리함이란 혁신적인 것이었습니다.

 대학 때는 가끔 500원짜리 동전을 사용하는 셀프 빨래방에 가곤 했습니다.

 1995년, 아내와 결혼을 하면서 혼수품으로 세탁기가 따라왔습니다. 그 세탁기로 세 아이의 빨래를 해대며 10년 이상 유용하게 사용했습니다. 그 사이 여러 번 수리도 했지만 세탁기에 대한 아쉬움은 별로 없었습니다.

그러다가 3년 전쯤, 세탁기에 큰 고장이 났습니다. 수리를 의뢰했을 때 교체를 생각해야 할 정도로 많은 수리비 견적이 나왔습니다. 모터를 교체해야 하며 그 외에 몇 가지를 더 손보아야 했습니다. 이쯤해서 새로 구입하는 것을 생각하게 되었습니다.

당시 여자들의 바람은 드럼세탁기를 갖는 것이었습니다. 세탁기를 새로 구입한다고 생각하니, 드럼세탁기의 장점들이 귀에 들어왔습니다. 더 편리하다더라, 물을 적게 사용한다더라, 세탁물의 구김이 덜 간다더라, 여자들이 허리를 덜 숙이게 된다더라 등 말입니다.

어쨌든 그로 그 드럼세탁기를 구입했습니다.

그리고 얼마 지나지 않아서 필리핀으로 오게 되었습니다. 필리핀은 여러 가지로 우리를 놀라게 했는데, 세탁기도 그 중 하나였습니다. 대개 콘도미니엄의 세탁하는 방의 출입문은 좁아서 세탁기를 들여놓을 수 없습니다. 여기 실정에 맞는 세탁기를 새로 구입하게 됩니다.

감사하게도 우리 집의 경우에는 문짝을 떼고라도 세탁기를 넣을 수 있었습니다. 이 사실 하나만으로도 부러워하는 분들이 있었습니다. 그렇게 10개월을 잘 사용하다가 12월 중순에 세탁기가 고장 났습니다. 아울러 필리핀의 긴 연휴가 시작되는 시점이었습니다.

긴 연휴 동안 세탁기 없이 불편하게 지내게 되었습니다. 많은 분들이 조언합니다. "이 나라는 수리 기술이 따라 주지않고, 오히려 더 망가질 수 있습니다. 새로 구입하는 것이 더 낫습니다."

그 말을 입증이라도 하듯, 서비스센터의 방문기사가 왔지만 오히려 더 망가지고 말았습니다. 세탁기를 수리센터로 옮겨 가서 며칠 동안 수리를 시도했지만 결국 포기해야만 했습니다. 하는 수 없이 이 나라의 전력과 실정에 맞는 저렴한 세탁기를 구입했습니다. 그 동안은 고장난 세탁기로 인해 많이 힘들었습니다. 고치려는 과정이 힘들었고, 매일 쌓이는 빨래로 힘들었습니다. 새로 구입한 세탁기로 인해 밀린 빨래를 다시 쉽게 할 수 있게 되었습니다. 생활의 편리함이란 그것이 사라진 뒤에나 알 수 있는 것인가 봅니다.

그것이 어디 세탁기뿐이겠습니까?

적극적으로 먹기

 2주 전, 천안에 머무는 동안 강원도에 계신 장인, 장모님이 찾아오셨습니다.
 시간이 많지 않았기에, 처가에 들를 수 있는 시간을 낼 수 없었기에 장모님은 내가 있는 곳까지 직접 찾아오신 것입니다. 함께 식사를 하면서 마지막으로 하신 말씀은 "안 보느니만 못하다."라는 말씀이었습니다. 얼굴이 말라 보였는지, 피곤해 보였는지, 어쨌든 건강한 모습이 아니었던 것만은 분명합니다.
 다음 날은 부모님을 뵈었고, 비슷한 이야기를 들었습니다. "왜 그렇게 말랐느냐?" 라고 하십니다. 공항 가는 중에 전화를 다시 하셔서 몸 잘 챙기라는 말씀을 반복하십니다. 필리핀에 도착해서도 전화 통화하는 중에 건강 잘 챙기라는 말씀을 하십니다.
 그동안에는 애써 챙겨먹는다든지, 열심히 먹는다는 생각을 해 본

적이 없습니다. 간간히 필리핀에 먼저 오신 분들은 여러 가지 조언을 합니다. "이곳 필리핀에서는 더 잘 먹어야 한다, 혹은 영양제를 꼭 먹어야만 버틸 수 있다, 한국에서보다 30% 이상은 더 먹어야 한다."라는 이야기들입니다.

그동안은 귀담아 듣지 않았던 그 말들을 다시 떠올리게 되었습니다. 이제 생각을 달리하게 되었습니다. 음식이야 내가 먹고 싶으면 먹고, 먹기 싫으면 건너 뛸 수도 있다고 생각했었는데, 이제는 보는 사람을 위해서, 나를 위해 걱정하는 이들을 위해서라도 적극적으로 먹어야겠다는 생각을 했습니다.

나름대로 살찌우기 프로젝트를 시행하였습니다. 지난 주간에 실천한 내용입니다. 우선 가능하면 집에서 정해진 시간에 식사를 한다. 평소보다 조금 더 먹는다. 식후에 비타민을 먹는다. 식후에 바나나 1개를 먹는다. 마음을 평안히 하고 느긋하게 일한다.

한마디로 되는대로 먹는 것이 아니라, '적극적으로 먹는다'는 프로젝트입니다. 나는 평소에 한 끼 거르는 것은 쉽게 합니다. 많이 먹지 않았습니다. 간식을 별로 하지 않았습니다.

그런데 이제 식사방식이 조금 달라졌습니다.

감사하게도 2주 만에 필리핀에 와서 사라진 몸무게가 거의 회복이 되었습니다. 2kg 이상 몸무게의 증가가 있었으며, 얼굴이 좋아졌다는 말을 듣습니다.

세상은 참 불공평하다고 합니다. 누구는 살 빼기 위해서 고민하는데, 누구는 살 찌우기 위해서 고민하니 말입니다. 빼는 것이든, 찌우는 것이든 모두가 건강을 향한 목표여야 할 것입니다.

한 가지를 더 말하라고 한다면 적극적으로 해야 한다는 것입니다. 그래야 적극적으로 주님의 일을 할 수 있기 때문입니다.

아깝지 않은 것

    우리 집에는 중고로 구입한 피아노가 있습니다. 그 피아노는 구입한 이후로 계속해서 소리가 납니다. 처음에는 아내가 찬송가를 연습하면서 사용했습니다. 아직 찬송가 반주 수준은 아니지만 취미도 되고 마음을 평안하고 풍요롭게 해 주는 도구도 됩니다.

    얼마 후에는 큰 아들이 칩니다. 아마도 우리 집에서 제일 많이 사용하는 사람이 큰아들일 것입니다. 특히 요즘은 시간이 있을 때마다 피아노를 칩니다. 본인이 좋아하는 악보를 구해서 스스로 연습합니다. 한국에서는 주 1회 레슨을 받았지만 요즘은 혼자서 피아노를 연습합니다. 밖에서 집으로 들어갈 때면 복도에서부터 피아노 소리가 들립니다. 아침에도 들립니다. 틈만 나면 연주를 합니다. 연습 때문인지, 요즘은 실력이 많이 늘었다는 생각을 합니다.

    가끔씩 막내인 딸이 피아노를 치고 있습니다. 막내는 오빠에 비해서 실력의 차이가 나지만 피아노 치는 것을 좋아합니다. 나름대로 자부심을 갖습니다.

우리 집 피아노를 보면서 자주 하는 말은 이것입니다.
"구입하기를 잘했다."
피아노를 살 당시는 쉽지 않았습니다. 부교역자 생활을 하면서 여유를 찾기가 어려웠기 때문입니다. 여러 번 망설이다가, 또 여러 군데의 시장 조사를 거쳐서 구입한 것입니다.
그동안 많이도 옮겨 다녔습니다. 천안에서 태안으로, 태안에서 건축 때문에 창고로, 창고에서 3층 사택으로, 3층 사택에서 다시 바다 건너 필리핀까지 왔습니다. 여러 번 조율하고, 몇 개의 건반을 교체하고, 바퀴를 교체하였습니다. 이 피아노는 앞으로 몇 년 혹은 그 이상 우리와 함께 하고 집안에서 점점 더 아름다운 소리를 낼 것입니다. 제 역할을 다 할 것입니다.
혹, 피아노를 장식용으로 두는 집이 있을는지 모르겠습니다. 마치 러닝머신이 빨래를 널 때 사용되거나, 옷걸이로 사용되는 것과 같이 말입니다. 이는 본래의 목적대로 사용하지 않는 것입니다. 그 물건이 만들어진 본래의 목적대로 잘 활용된다는 것이 참으로 가치 있다는 생각을 해 봅니다.
사람을 물건이라고 할 수는 없지만 이 땅에 보냄을 받았을 때는 무

언가 목적이 있다고 생각합니다. 하나님께서 사명을 부여하셔서 이 땅에 보내셨기 때문입니다.

어떤 이는 그 사명 이상을 감당할 것이고 어떤 이는 자신의 사명이 무엇인지 몰라서 계속해서 생각만 할 것입니다. 어떤 이는 늦었다고 후회할 것이고, 또 어떤 이는 보내신 분을 원망하기도 합니다.

우리는 이 땅에서 아름다운 소리를 내야 하는 피아노와 같습니다. 예수님은 3년 공생애를 마치시며, " 다 이루었다."라고 하셨습니다. 우리에게 시간이 부족한 것이 아닙니다. 하나님께서 이 땅에 우리를 보내신 바로 그 소리를 내야 하는 것입니다.

부활의 소리가, 생명의 소리가, 사명의 소리가 우리 모두를 통하여 울려 퍼지기를 소망합니다.

바닷바람

지난 목요일 저녁 7시, 마닐라에서 저녁식사 약속이 있었습니다. 마닐라까지는 거리상으로 30분이면 충분했지만, 퇴근시간대이기 때문에 시간이 많이 걸릴 것을 예상하며 교회에서 일찍 출발했습니다. 여유를 갖고 1시간 전에 출발했습니다. 의외로 차가 밀리지 않았습니다. 약속장소에 이르렀을 때는 30분 이상의 시간이 남게 되었습니다. 나는 이 30분의 동안 무엇을 할 수 있을까 생각했습니다. 식당에 일찍 들어가서 기다릴 수도 있었지만, 그날은 주변을 한번 돌아보고 싶은 마음이 들었습니다.

우리는 바닷가를 한 바퀴 돌아보자고 결정했습니다. 마침 간 곳은 몰 오브 아시아(Mall of Asia)라는 큰 쇼핑몰의 오른편으로 보이는 바닷가였습니다. 바닷가라고 하기보다는 방파제가 어울리는 말입니다. 사람들이 별로 없는 한적한 곳이었습니다. 주차하기 편한 곳이었고, 넓은 공터가 있는 곳이었습니다. 길게 나무들이 심겨진 것이 좋았습니다. 차에서 내리면서부터 코끝을 찌르는 바다냄새가 좋았고, 바람이 좋았습니다. 굳이 표현하자면, 좋았다는 표현을 넘어서 행복했습니다.

"바다!" 필리핀에 오기 전까지 6년간을 바다가 보이는 교회에서 목회했습니다. 바다일을 업으로 삼은 사람들이 교인이었고, 자동차를 타고 10분이면 만리포에 갈 수 있었습니다. 마음의 여유가 필요하면 언제든지 달려갈 수 있는 곳이 바다였습니다. 낮에는 아이들에게 물놀이를 하도록 했고, 밤이면 백사장에서 뛰어놀게 했습니다. 답답하면 언제든 찾을 수 있었습니다.

필리핀에 온 이후로 마음의 여유를 갖기 위해 일부러 시간을 내어 바다를 찾은 적이 없었습니다. 봉사를 위해서 마닐라만을 지나가거나, 가끔 식사를 하면서 바다를 본 적은 있지만 그때의 바다는 그저 평범한 바다였을 뿐 특별한 의미는 없었습니다.

그런데 지난 목요일에 찾은 바다는 단 10분 동안 거닐었지만 마음에 여유를 갖게 했습니다. 마침 노을이 지고 있었습니다. 구름이 붉은 색으로 물든 노을, 그렇게 바라보는 노을이 고국을 떠나서 생활하는 내게 행복감을 주기에 충분하였습니다. 그 노을 아래로 큰 배들이 서너 척 보였습니다. 바람이 불었으며 파도가 방파제에 부딪쳐 왔습니다. 운동하는 사람 몇 명, 두 팔을 벌리고 바람을 만끽하는 사람 몇 명, 강아지 산책시키는 사람 몇 명, 셔틀 지프니를 타고 관광하는 일단의 무리들이 있었습니다.

잠깐 동안 갖게 된 몇 가지 생각들이 있었습니다.

"그동안 이런 여유를 느낄 수 없이 지내왔구나."

"다음에 아이들과 함께 와서 인라인 스케이트 타면 좋겠다."

그곳은 30분이면 갈 수 있는 곳이었습니다.

어떤 분은 10분 혹은 20분이면 갈 수 있는 거리일 것입니다.

그곳에 가면 내가 느꼈던 "행복"을 모두가 느낄 수 있다고 장담할 수 있는 것은 아닙니다. 같은 장소이지만 나와 똑같은 것을 느끼지 못할 수도 있습니다. 바다가 아니라도 오히려 더 가까운 곳에서 여유를 가질 수 있을 것입니다. 일명, '가까운 곳에서 나만의 행복 찾기'입니다.

빌리지에 사는 이들은 가족과 함께 바람 쐬러 나갈 수도 있고, 콘도에 사는 이들은 옥상에 올라가서 도시야경을 보면서 여유를 가질 수도 있습니다. 내가 제안하고 싶은 것은 늘 보던 세상을 조금 더 좋게, 다르게 보았으면 하는 것입니다.

이민생활이 우리 모두의 여유를 잃게 만드는 것 같습니다. 하던 일을 잠시 멈추고 주변을 돌아보면서 여유를 가지면 좋겠습니다. 잠깐의 시간이 주는 행복과 여유를 담을 수 있으면 좋겠습니다. 그것이 아주 가까이에 있다는 것을 생각하면서 말입니다.

야곱이 잠이 깨어 가로되 여호와께서 과연 여기 계시거늘 내가 알지 못하였도다. 창세기 28장 16절

누군가 내집에 들어올때

집은 가족들이 생활하는 공간이며, 가끔 손님을 맞는 공간이기도 합니다. 누군가에게 우리집을 공개한다면 좋은 모습, 단정한 모습을 보여주면 좋을 것입니다.

손님들은 언제 찾아오는가요? 깨끗할 때인가요? 아니면 마침 지저분할 때 인가요? 갑자기 오는가요? 아니면 미리 연락을 준 뒤에 오는가요?

아주 가끔은 나도 모르게 다녀간 사람이 있습니다. 어느 날 거실 소파에 누워서 잠을 자고 있는데 현관 문 앞에 누군가 놓고 간 물건이 있다면 어떨까요? 그 사람은 잠자고 있는 나를 깨우는 것이 미안하여 조용히 선물만 놓고 갑니다.

가족들에게 물어도 누가 다녀갔는지 확인이 안 될 때는 더욱 답답합니다. '도대체 누가 다녀간 것일까?', '하필이면 가장 지저분할 때 왔다 갔는가?', '한잠 자고 나서 청소하려고 했는데' 등 갑작스럽게 누가 찾아오는 것은 대략 난감한 상황입니다. 미리 청소할 시간, 집안 정리할 시간, 세수라도 할 시간이 주어지면 좋을 것입니다. 이미지 구겨지지 않게 말입니다.

  예고된 손님은 우리에게 여러 가지를 준비하게 합니다. 청소는 기본, 버려야 할 물건들을 미리 버립니다. 음식 대접을 해야 할 상황이라면 신경 써서 식재료를 구하고 정성스럽게 요리합니다. 가끔은 너무 정성을 쏟다보니 당황스런 일들이 생기기도 합니다. 밥이 제대로 되지 않는 등 평소 실력이 나오지 않는 것입니다.

  심방을 하면서 감탄스럽습니다. 가정마다 어떻게 그렇게 정돈이 잘 되어 있고, 깨끗한지요, 속으로 그런 생각을 합니다. '모두가 이렇게 깨끗하게 단정하게 생활하는구나. 우리도 분발해야겠다.'는 마음을 갖게 합니다. 그럴 때 어떤 분들은 겸손하게 말씀하십니다.

  "목사님이 오신다기에 모처럼 대청소했습니다."

  손님이기 때문에, 모처럼 맞는 손님이기 때문에 좋은 모습을 보이고자 모처럼 정성을 들여서 준비했다는 것입니다. 누군가를 위해서 정성을 들이는 것은 서로에게 행복인 듯 합니다.

  주님은 손님인가요? 아니면 주인인가요? 손님이라면 정성을 들이는 부분에서는 최고의 손님이어야 하겠습니다. 주님이 내 집을 둘러보십니다. 거실 탁자에 성경책이 펼쳐져있습니다. 오디오에서는 찬양이 흘러나옵니다. 거울을 보면서 최대한 밝은 얼굴이 되게 합니다. 주님이 흡족해 하시겠지요.

한편으로는 주인이어야 하겠습니다. 그분이 마음대로 하시도록 배려하는 것입니다. 주님이 버리라고 명령하시는 것이 있을 것입니다. 혹시 옮겨 놓으라고 명령하시는 것도 있을 것입니다. 이유를 묻지 않고 그대로 따르는 것입니다. 주님께서 이런 말씀을 하시지 않을까요?

"얼굴 찡그리지 말거라."
"네가 주인이냐? 왜 소리지르냐?"
이렇게 명령하실 수도 있습니다. 그분이 주인이시기 때문입니다.
날마다 주님을 먼저 배려하는 가정이 되기를 기대합니다.

다시 피어나는 생명이란

 가정에서 화초를 잘 키우는 분들을 늘 존경스럽게 생각합니다. 나는 화초 키우는 게 힘들기 때문입니다. 이상하게도 내가 키우면 오래 가지 못하고 금방 마르거나 죽거나 합니다. 물을 잘 주는 것 같은데, 오래 가지 못합니다.

 우리 집 발코니에 두 개의 큰 화분이 있습니다. 그 중 하나가 벤자민입니다. 물을 매일 주어야 하는 것인지, 가끔씩 주어야 하는 것인지도 우리는 정확하게 모릅니다. 다만, 며칠을 거르게 되면 잎이 시들해지는 것을 봅니다. 그래서 잎이 싱싱하도록 만들다보니 거의 매일 물을 주게 됩니다. 화분이 담고 있는 흙의 양도 많지 않기 때문에 자주 물을 주게 됩니다.

 지난 달 말, 우리 가족 모두가 집을 비우게 되었습니다. 한국에 다녀오면서 화분이 염려되기는 했습니다. 하지만 '괜찮겠지'라는 마

음으로 열흘 이상 집을 비웠습니다. 열흘이 지난 뒤에 화분을 보니 잎이 다 시들어서 떨어졌습니다. 앙상하게 가지만 남게 되었습니다. 겉으로 보기에는 죽은 듯이 보였습니다.

혹시나 하는 마음으로 화분에 물을 주었습니다. 며칠이 지나자 죽은 것 같은 가지에서 잎이 돋아납니다. 연한 초록빛을 띤 여린 잎이 나오는데, 그렇게 아름다울 수가 없습니다.

나뭇잎이 다 떨어져서, 나무가 죽을까 생각했는데, 나무가 스스로 자기 생명을 유지하였습니다. 수분이 모자라니까 잎에 들어가는 수분을 조정하고 줄기에만 수분을 담고 있었습니다. 그러다가 다시 물이 공급되니 잎을 피우게 된 것입니다.

내가 정성을 들여야 생명이 유지되다니! 신비로울 뿐입니다. 혹,

내가 정성을 덜 들여도 스스로 유지되는 강인한 생명력을 갖고 있으니 감사할 뿐입니다. 혹시 무언가 쉽게 포기하고 싶은 마음이 든다면 내 안에 강인한 생명력을 담고 있음을 잊지 않았으면 좋겠습니다.

미리미리

　둘째 아이가 갑자기 내 구두를 들고 왔습니다.
　"아빠, 이 구두 어떻게 닦는 거예요?"
　"갑자기 구두는 왜?"
　"제가 용돈이 필요해요."
　잠시 후 안방에 있는 엄마를 향해 소리쳤습니다.
　"엄마, 내가 설거지 할 테니까, 용돈 주세요. 아셨죠?"
　안방에서 채 대답이 떨어지기 전에 아이는 설거지를 하기 위해 부엌으로 갑니다.
　안방에서는 무슨 소리를 하는지 못 알아들은 게 분명합니다. 반응이 없습니다. 아들은 즉각적으로 부엌으로 달려가서는 요란스럽게 설거지를 합니다. 시끌벅적하게 설거지를 마치고 달려와서 내게 용돈을 당당하게 요구했습니다.

"용돈 주세요. 10페소입니다."

액수까지 정해서 달라고 합니다. 액수가 아주 작은 것이었기에 부담 없이 그 자리에서 주었습니다. 아들은 한 마디를 덧붙였습니다.

"아빠, 앞으로 열흘간 계속됩니다."

"도대체 추가적인 용돈이 왜 필요한거니?"

"잘 몰라요. 돈을 모으고 싶을 뿐입니다."

돈이 필요한 것이 아니라, 갑자기 돈을 모아두면 나중에 유익하게 사용할 수 있을 것으로 생각했나 봅니다.

나중에 다시 물으니 이런 말을 합니다. 그날 저녁에 사이언스 디스커버리(Science Discovery)를 관람하고 나서 그런 생각이 들었다고 합니다. '나중에 또 왔으면 좋겠다. 그때는 내가 용돈을 모아서 내 돈으로 와야겠다.'라고 말입니다.

즐거움으로 하는 모습이 좋아보였습니다. 지금 당장 무언가 필요해서 요구한 것이 아니라, 나중을 위해서 차근히 준비하는 모습이 좋았습니다.

하나님께 요구하는 것도 마찬가지가 아닐까요? 보통 우리는 급할 때 갑자기 간구하기가 쉽습니다. 일명 '급한 불끄기 기도, 혹은 큰 일 났을 때의 기도' 입니다. 이렇듯 우리의 많은 기도가 하나님을 당황스럽게 하는 것은 아닌지 모르겠습니다. 그럴 때마다 하나님의 세밀한 음성이 들리는 듯 합니다. "평소에 좀 기도하거라. 갑작스럽게 요구하면 나도 힘들다." 라고 말입니다.

　평소에 기도하는 습관을 가졌으면 좋겠습니다. 하나님 보시기에 기특해 보이도록 하는 것입니다. 오늘, 나의 어떤 모습이 하나님 보시기에 흐뭇하실까요?

　당장 눈 앞에 있는 것만을 요구하는 것이 아니라, 차분히 기도의 분량을 쌓는 것 말입니다.

둘이서 하나 공격하기

　아이들의 성적표가 나오는 날, 아이들을 만날 수 있는 시간이 없었습니다. 나와 아내는 그날이 성적표가 나오는 날 인줄도 몰랐습니다. 늦게까지 심방을 마치고 차에 올랐는데, 세 장의 성적표가 차 안에 나란히 놓여 있었습니다. 아이들의 평소 모습을 볼 때, 최대한 늦게 자기들의 성적표를 보여주었을 것인데, 그날따라 일찍 성적표를 보여주었습니다. 아마도 자신들이 생각하기에 성적이 나쁘지는 않았던 것 같습니다. 부모님이 일찍 보시라고 차례대로 올려놓았습니다.

　보통 시험 치를 때의 분위기는 대략 비슷합니다. 몇 주 전, 시험을 치른 당일에는 다 좋은 성적을 받을 것 같이 말합니다.

　"이번 시험 정말 잘 보았어요."

　그러다가 며칠 후 친구들과 함께 점수를 점검한 후에는 고개를 숙이고 다녔습니다. 의외로 틀린 문제가 많았던 것 같습니다. 그 상황에서 아이들의 핑계는 언제나 비슷합니다. "다 아는 문제인데 실수한 거예요." 혹은 "다른 아이들도 다 모르는 문제였어요."라는 것입니다. 예상보다 많이 틀린 것 같아서 미리 실망하는 아이도 있었습니다.

"이번 성적표는 기대하지 마세요."

이는 나름대로 미리 피할 길을 만드는 것이죠.

그런데 차 안에 성적표를 나란히 놓던 그날에 막상 성적표를 받아보니 최악의 상황은 아니었던 것입니다. 다들 만족한 것입니다. 나는 성적표를 차분히 살펴보고 생각했습니다. '이 정도 성적에 만족하는 너희들이 놀랍다.', '이런 배짱은 누굴 닮았니?' 라고 말하고 싶었습니다. 아마도 믿음이 좋아서겠지요?

또 하나의 문제는, 그 중에서 막내의 성적이 두 오빠의 성적보다 탁월하게 좋았다는 데 있습니다. 모두가 조금씩 성적이 올라서, 모두가 칭찬을 들어야 할 상황이었는데 막내가 탁월하게 좋은 성적을 받고나니 오빠들의 심기가 편치는 않습니다.

집에 돌아간 뒤에 오빠들이 막내딸을 공격하기 시작했습니다.

"너는 성적은 좋을지 몰라도 발음이 피노이(Pinoy)발음이다.", "너는 에세이를 잘 못한다.", "나도 초등학교 3학년 때는……", "나도 네 나이 때 필리핀 왔더라면 ……", "3학년 과목은 쉬운 것뿐이

더라." 다양한 방법으로 자기변명을 곁들여서 공격했습니다.

오빠들의 마음이 이해가는 것은 노력도 안한 아이가 좋은 성적을 받았기 때문입니다. 오빠들이 볼 때 불공평하다는 것입니다. 오빠들은 나름대로 열심히 해서 성적을 조금 올린 것이고, 동생은 매일 놀기만 하고, 책 읽을 때는 5분을 못 넘기곤 했는데 결과가 이렇게 나온 것에 대해서 받아들일 수 없다는 것입니다.

두 오빠가 함께 공격을 계속하니까 나중에는 딸이 점점 약한 모습을 보입니다. 급기야는 딸이 스스로 '아, 나는 잘 하는 게 없는 아이인가 보다.'라고 생각합니다. 표정에 자신감이 사라졌습니다.

부모의 중재로 상황이 어느 정도 마무리 되었지만, 딸의 기죽은 표정은 여전했습니다. 나중에 "나는 잘하는 게 없네요."라고 말합니다. 좋은 성적을 받아놓고도 스스로를 한없이 낮추는 것입니다.

이 또한 말의 힘이겠지요? 말이 진실을 왜곡할 수 있음을 생각하게 됩니다.

나의 신앙성적표는 어떻습니까? 오늘만큼은 잘 하는 것에 대해 스스로를 칭찬해 보면 어떨까요?

눈물을 흘려라, 얻을것이다

 우리 부부는 밖에 있었고, 아이들은 방학인지라 집에 있었습니다. 저녁식사 시간이 거의 되었을 때, 집에 전화해서 "택시를 타고 아빠가 있는 데까지 오라."라고 했습니다. 아이들은 맛있는 저녁식사에 대한 기대를 하였습니다. 누구는 샤워를 하고, 누구는 옷을 챙겨 입고 그렇게 들뜬 마음으로 집을 나섰습니다. 택시비가 없는 관계로, 이웃에게 100페소를 빌려서 택시를 타기 위해서 큰 길로 나갔습니다. 한참을 기다려도 택시를 잡지 못하였습니다. 마침 비도 내리기 때문에 불편한 날이었습니다. 30분이 지난 뒤에 아이들에게서라는 문자가 왔습니다.
 "Pls, call me." 전화를 걸었을 때, 아이들이 하는 말은 택시가 잡히지 않는다는 것입니다. 기다리는 사람들은 많고 도저히 택시를 잡을 수가 없다는 것입니다.

방법이 없었습니다. 운전기사도 쉬는 날이었으며, 누구에게 도움을 구할 수도 없었습니다. 전화를 걸어 아이들이 집으로 돌아가도록 했습니다. 잠시 후 집에 잘 도착했는지를 확인하기 위해서 전화를 했습니다. 잘 도착하기는 했지만 막내인 딸이 울고 있다고 합니다. 기대감을 가지고 준비하였고, 택시를 타기 위해서 한걸음에 택시 타는 곳까지 달려갔는데, 실망한 채 집에 돌아간 아이는 아쉬움이 컸던 것입니다.

생각해 보았습니다. 택시타러 가는 그 길이 짧지 않습니다. 그 길을 다시 되돌아가려니 발걸음이 떨어지지 않았을 것이고, 누구보다 식탁의 행복을 즐길 줄 아는 아이인지라, 받아들이기 너무 어려웠을 것입니다.

전화를 끊고 마음이 편치 않았습니다. 사내아이들이라면 아버지의 권위로 '울기는 왜 우냐고…….' '어쩔 수 없는 상황이기에 방법이 없지 않느냐고…….' 라고 단호하게 말할 수 있었을 텐데…….

그런데 딸인지라, 또한 막내인지라 마음속에서 무시되지 않았습니다. 방법을 찾아보았습니다. '지금, 이 시간에 어디서 차를 구할 수 있을까?' '우리 집 근처에 사시는 성도님에게 부탁하여 운전기사의 도움을 받을 수는 없을까?' 그때 갑자기 떠오른 어느 집사님께 전화를 걸었더니, 마침 드라이버도 있고 차도 있고 시간도 있으며 흔쾌히 허락할 수 있다는 답을 들었습니다.

다시 아이들에게 전화를 했습니다. 울고 있던 딸은 이미 오빠들에게 한소리 들은 뒤였습니다. 오빠들은 "상황이 안 되면 받아들일 줄도 알아야지 왜 질질 울고 그러느냐"라고 했을 것입니다.

어쨌든 우는 아이는 떡 하나 먹게 되었습니다. 모두가 함께 즐거운 밖에서의 식탁을 나누었습니다.

딸은 그런 아이입니다. 목표하고 기대하는 것은 반드시 손에 쥐어야 하는 아이였습니다. 목표는 이루고야 마는 아이입니다. 아빠를 무너뜨릴 수 있는 아이입니다. 그날따라 강렬한 딸의 요구를 들어주면서 하나님과 나와의 관계를 생각했습니다.

하나님이 보실 때에 나는 누구인가요? 떼를 쓸 줄 아는 신앙인이었을까요? 누가복음 18장에 나오는 과부, 원한을 풀어달라고 부르짖는 과부의 모습이 내게 있는가를 생각하게 되었습니다. 하나님은 나를 사랑하시기에 내 구하는 것에 응답해 주십니다. 내가 간절히 구하는 것을 이해하십니다. 때로는 그 요구가 너무 간절하여서 눈물을 흘릴 수 있습니다. 그 눈물에 하나님의 마음이 움직일 것입니다.

하물며 하나님께서 그 밤낮 부르짖는 택하신 자들의 원한을 풀어 주지 아니하시겠느냐 저희에게 오래 참으시겠느냐 내가 너희에게 이르노니 속히 그 원한을 풀어 주시리라. 누가복음 18장 7~8절

얼굴에 행복을 드러낼지라

　장인어른. 결혼 후 처음으로 두어 달 가까이 함께 생활했습니다. 원래 한 달 간 계실 계획이었지만, 추운 겨울이고, 횡성의 구제역 때문에 1달 더 연장했습니다. 처음에는 외국생활이라는 것과 가까이 대화할 사람이 없으셔서 답답해하지 않을까 걱정했습니다. 그러나 시간이 지나면서 모두가 유익한 시간들을 함께 만들어가게 되었습니다. 점점 더 가족 모두에게 편안한 시간이 되었습니다. 장인어른은 평생 목공일을 하신분입니다. 처음 며칠간은 집안 구석구석을 돌아보시면서 고치는 것과 정리하는 일을 해주셨습니다. 아이들과 함께 있을 때에는 자상한 할아버지의 모습으로, 시간 있을 때마다 설교집을 읽으시거나 베란다 밖으로 펼쳐져 있는 골프장을 보셨습니다.
　어른이 계심으로 자녀들에게 예의가 무엇인지를 가르칠 수 있게 되었으며, 시간이 지날수록 3대가 함께 하는 안정된 가정의 모습을 보게 되어 감사했습니다. 연말연시에 교회 사역이 바쁜 관계로 많은 곳을 다니면서 함께 하지는 못했습니다. 관광은 별로 없었지만 나름대로 모시기를 잘했다는 마음이 들었습니다.

가끔씩 외식하고, 근교의 관광지를 돌아보기도 했으며, SM과 그린힐을 포함한 쇼핑센터도 다녀왔습니다.

매일 새벽기도회에 함께 참석했고, 매일 아침 식탁에 함께 둘러 앉아 풍성한 하루를 시작했습니다. 그리고 그렇게 두 달의 시간이 흐르고 지금은 한국으로 들어가셨습니다.

필리핀에 계시는 동안 장인께서는 아내와 많은 대화를 나누었습니다. 아버지와 딸이 결혼 후 가장 많은 시간을 보낸 것입니다. 어느 조용한 시간, 아내와 함께 대화의 시간을 가지면서 장인어른께서 이런 말씀을 하셨습니다.

"목사가 힘들다는 말은 들었지만 이렇게까지 힘든 줄은 몰랐다."

어느 날 새벽기도에 나가면서 딸을 아끼는 마음으로 또 한마디의 말씀을 하셨습니다.

"목사 사모가 이렇게 힘든 줄을 미리 알았더라면 목회자에게 시집 안 보내는 건데……"

아내를 통해 전해들은 장인어른의 그 말씀이 오랫동안 나의 마음 속에 남았습니다. 집 안에서의 나의 행동이 장인께 어떻게 비추어진

것일까요? 편안하고 여유롭게 보이지는 않았던 것일까요? 밖에서의 일정뿐만 아니라, 집에서도 설교 준비하는 시간, 책을 읽는 시간, 전화하는 시간, 컴퓨터 하는 시간 등이 장인께 불편함을 준 것일까요? 불규칙한 시간 활용의 모습 어딘가에 안정적이지 못한 모습이 비추어진 것은 아닐까요?

장인께서는 늘 조용하시고, 가족들을 항상 배려하시는 분이셨습니다. 그런 분이 이러한 말씀을 하신 것은 정말 후회스러워서 하신 것은 아닐 것입니다. 그렇지만 죄송한 마음을 둡니다.

좀 더 노력하여 행복하고 즐거운 모습을 가정에서 보이지 못했다는 점에서 말입니다. 여유롭고 즐거운 모습을 보일 수도 있지 않았을까 생각합니다. 아마도 그것은 시간 관리의 문제가 아니라, 마음 관리의 문제일 것입니다.

나름대로 표정 관리하고, 언어를 골라서 말한 것 같은데 표현하는 언어 너머에 있는 그 무언가를 읽으신 듯하여, 한편으로는 무겁습니다. 속 깊으신 어른이신지라, 더 묻지는 못했습니다. 그렇게 말없이 응원해 주시는 어른께 감사할 뿐입니다.

새해에는 그런 소망을 가졌습니다. 아무리 바빠도 바쁜 사람처럼 보이지 않도록 하자. 아무리 힘들어도 얼굴에는 미소와 여유를 담을 수 있게 해보자.

그리고 분명한 원리는 들어오는 것(input)이 좋아야 나가는 것

(output)이 좋다는 것입니다. 억지로 미소 짓는 것과 표현에는 한계가 있습니다. 안에 쌓은 것이 밖으로 나오는 것입니다. 분주함을 심으면 분주함이 표현되는 것이고, 조급함을 심으면 조급함이 표현되는 것입니다.

이제 자연스럽게 드러나는 미소와 행복을 준비해 보렵니다.

그리스도의 평강이 너희 마음을 주장하게 하라 평강을 위하여 너희가 한 몸으로 부르심을 받았나니 또한 너희는 감사하는 자가 되라.
골로새서 3장 15절

설날 풍경

 점점 고국의 풍경을 잊어가고 있습니다. 고국의 문화도 아득해져 가고 있습니다. 인터넷을 통해서 고향 가는 길이 어렵다는 소식을 보아도 실감이 나질 않습니다. 명절이라는 말이 먼 나라 이야기 같습니다. 이번 설날에도 여느 때와 같이 아이들은 학교에 가고, 나는 심방 일정이 있어서 외출하는 평범한 하루를 보냈습니다.
 그래도 명절을 실감나게 하는 단 하나의 끈이 있다면 아이들입니다. 세뱃돈을 향한 아이들의 열정이 나로 하여금 한국인인 것을 잊지 않게 해줍니다. 전날부터 아이들은 세뱃돈에 대한 이야기를 합니다. 작년에는 너무 적게 받았다는 말을 했습니다. 아이들의 기억력에 찬사를 보냅니다. '어떻게 그 액수까지 명확하게 기억하며 1년을 지냈단 말인가요?' 그리고 아이들이 부모에게 한마디 덧붙입니다.
 "작년의 세뱃돈, 너무하셨던 것 알죠?"

또 한 가지, 같은 반 동료들이 얼마를 받았는지에 대해서도 말합니다. 그 말을 듣고 보니, 세뱃돈에 있어서 부모의 의무를 다하지 못한 것 같습니다.

저녁이 되어서 아이들이 고국에 계신 할아버지 할머니와 통화를 했습니다. 그 내용은 이런 것입니다. "설날이어서 전화 드렸어요." "새해 복 많이 받으세요." "건강하세요." 그리고 세뱃돈에 대한 이야기도 빼놓지 않습니다.

고국에 있었더라면 더 많은 수입(income)이 있었을 것이라는 아쉬움을 표현합니다. 외할머니와 외할아버지뿐만 아니라 친척들에게서 받을 수 있는 세뱃돈이 너무나 그리웠던 것이죠. 한편으로는 아이들에게 그런 추억을 만들어주지 못해 아쉽습니다. 언제까지 타국에서 전화로 새해 인사를 해야 할까요? 언제 고국으로 돌아가서 어른들에게 세배를 드릴 수 있을까요? 이렇게 해마다 계속해서 전화로 안부를 드려야 하는 것은 아닐까요?

설날 아침에는 예배를 드렸습니다. 명절예배가 이렇게 조촐할 수가 없습니다. 해마다 명절이면 할아버지 할머니, 큰아버지, 작은아버지, 사촌들이 거실을 가득 메우고 우렁차게 찬송을 부르며 예배를 드렸었는데 올해는 그렇게 못합니다. 그렇게 예배 드려야 설날예배인데, 올해의 설날예배는 명절예배라기보다 평범한 가정예배 같았습니다. 아이들이 학교 가는 날인지라 찬송은 1곡만 불렀습니다. 그렇게 짧게 예배를 드렸습니다.

이어서 세배 시간이 되었습니다. 한복이 아닌, 교복을 입은 아이들의 세배를 받았습니다. 세뱃돈은 조금 인상했습니다. 아이들의 표정에는 놀라는 표정과 별로 불만이 없는 표정이 교차됩니다. 아이들의 행복한 표정을 보니 나도 기분이 좋습니다. 아침 식사로 떡국을 준비해서 맛있게 먹었습니다. 만두도 듬뿍 넣은 하얀색 떡국을 보니, 행복합니다. 만두를 좋아하는 아이는 만두를 맘껏 먹을 수 있었습니다. 그렇게 배부르고 풍성하게 설날을 보냈습니다.

올해도 좋은 일들이 많을 것 같습니다. 그래도 인사는 동일합니다. "새해 복 많이 받으세요!"

서당개

어느 날 아이들이 묻습니다.
"왜? 사람들은 축구선수의 아들이 축구를 잘해야 한다고 생각하고, 농구선수의 아들이 농구를 잘 해야 한다고 생각하는 거죠?"
"그게 무슨 말이니?"
"친구들은 내가 목사님의 아들이니까 당연히 기도와 찬송을 잘 해야 한다고 생각해요. 저는 그게 불만이에요. 또, 내가 목사님의 아들이기 때문에 당연히 착해야 한다고 말해요. 조금만 더 재미있게 장난치려고 해도 '목사님 아들'이 그러면 안 된다고 해요. 내가 목사님 아들이어서 손해 보는 게 많아요."

평소 우리 부부는 아이들에 상처가 될까 봐 "너는 목사의 아들이기 때문에 행동을 더 조심해야 한다."라는 말을 거의 하지 않습니다. 그렇더라도 목사의 자녀라는 것이 아이들에게는 부담이 된 것 같습니다. 그날 대화 가운데 이런 답을 주었습니다.

"네가 목사님의 아들이어서가 아니라, 하나님을 믿는 사람이라면 누구나 찬양하고 기도를 잘 해야 하지 않을까? 목사의 아들이어서 행동을 바로 해야 하는 것이 아니라, 하나님을 믿는 사람이라면 누구나 바르게 행동해야 할 것이다."

우리 아이들은 태어나면서부터 교회에서 살았습니다. 언제나 사택과 교회가 가까이 있는 환경이었습니다. 성도들이 많이 오면 아이들이 더 좋아했습니다. 어느 날, 예배당에 성도들이 많지 않으면 오히려 아이들이 실망하고, 가끔씩 예배에 빠지는 성도님들에게 무슨 일로 예배에 빠지셨는를 묻기도 했습니다.

분명 목사의 가정이기 때문에, 교회와 가까이서 생활했기 때문에 아이들에게 보이지 않는 장점이 있으리라 생각해봅니다. 어설프지만 예배 인도를 두려워하지 않는 것은 그동안 보고 배운 것들이 많아서 그것이 장점으로 작용했으리라 생각합니다. 그래서 하나님께 감사했습니다. 모든 성도님들도 마찬가지일 것입니다. 예배를 멀리하고 하나님과 가까울 수는 없습니다. 교회를 멀리하고는 믿음이 성장할 수는 없습니다. 기도하지 않고 응답을 바랄 수는 없습니다. 주님과 가까이 하는 삶을 사는 것이 중요합니다.

믿음 생활 몇 년 되셨습니까? 이제 믿음의 풍월을 읊을 수 있어야 하지 않겠습니까?

효도 숙제

아직 어린 자녀들이 부모를 위해서 할 수 있는 효도에는 무엇이 있을까요? 아이들에게 무엇을 기대할 수 있을까요? 조금이나마 마음 써 주는 것으로 인해 행복할 수 있을 것입니다.

교회학교에서 어린이들에게 숙제를 내주었습니다. 어버이날이 있는 한 주간에 부모님께 특별한 선물을 해 드리는 것입니다. 아이들의 수준에서 실천할 수 있는 아기자기한 숙제였으며, 부모 자녀 간의 관계를 더 즐겁게 해줄 수 있는 것들이었습니다.

숙제는 이런 것들입니다.

"부모님 발 씻어 드리기"

"심부름 세 가지 하기"

"안마 해 드리기"

"빵 터지게 웃겨 드리기"

"식사시간에 물 떠다 드리기"
"구두 닦아 드리기"

우리집에는 두 명의 초등학생이 있습니다. 막내인 딸이 가장 적극적으로 숙제에 임했습니다. 일주일 동안 거의 다 완벽하게 한 것 같습니다.

주일 오후, 집에 들어오면서 딸은 신이 나서 '일주일간 부모님을 위해서 해 드릴 일들'을 나열했습니다. 그리고 매일매일 그날의 숙제를 마치고, 그 다음 날에 무슨 일이 있을 지에 대해서도 미리 예고해 주었습니다.

"내일은 구두를 닦아 드릴 거예요"

아들은 가끔 흥정을 하기도 했습니다.

"꼭 안마가 필요하세요?"

그렇게 하나씩 숙제하는 아이들과의 쏠쏠한 재미가 있었습니다.

가장 의미 있었던 것은 '발 닦아 드리기'였습니다. 얼마나 적극적으로 했는지 모릅니다. 비누를 사용하고, 세숫대야에 물을 가득 받아다가 두 번씩 물을 갈아서 씻어주었습니다. 꾀부리지 않고, 시늉만 하지 않는 모습이 기특했습니다.

구두 닦아드리기를 하려고 했을 때, 마음속으로는 '구두약을 어디에다가 묻힐 것인가? 차라리 하지 않는 것이 도움이 되지 않을까?' 하는 생각했습니다. 그러나 정성을 보고자 하는 마음으로 그저

아이들이 하는 대로 두었습니다.

아이들은 대충 구두약을 묻힌 뒤에 구두를 닦았습니다. 구두약은 구두에도 손에도 발에도 묻혔으며, 비누로 씻어내는 데 이틀이 걸렸습니다. 내가 신는 구두는 단 한 개지만, 닦아야 할 아이는 두 명입니다. 한 아이가 신발장에서 신지 않는 구두를 꺼내서 대충 닦아놓고는 "꼭 이 신발 신으셔야 합니다."라고 억지를 부리기도 했습니다.

숙제 중, '빵 터지게 웃겨 드리기'가 있던 날, 외출에서 돌아와서 들어서니 집이 난장판에 가까웠습니다. 너무 어질러져 있었습니다. 우리는 들어오자마자 소리쳤습니다.

"왜 이렇게 집안을 어지럽힌 거니? 컴퓨터만 하고 앉아 있으면 어떡하니?"

아이들끼리 말합니다.

"안 되겠다. 엄마, 아빠가 저렇게 무거운 표정인데 어떻게 웃겨드리겠니?"

순간, 미안한 마음이 듭니다. 억지로라도 웃어 줄 걸 그랬나 봅니다. 의도적으로라도, 흉내라도 내는 모습은 아름다운 것입니다.

'심부름하기'라는 숙제가 있던 날 아이들이 말합니다.

"지금부터 심부름 할 시간입니다. 아빠, 시켜주세요."

그리고 그때만큼은 서로가 먼저 심부름 하겠다고 달려들었습니다. 그리고 나의 머릿속에 평소 아이들의 말이 떠올랐습니다. "왜 나만 시키세요? 내가 심부름 제일 많이 하는 것 아세요? 뭔가 불공평하다고 생각하지 않으세요?"

내가 자녀로부터 받으면서 '나는 잘 하고 있는가?'를 생각해 보게 되었습니다. '나는 부모님께 어떻게 해 드렸는가?' 생각해 보니 어버이날에 전화 드리는 것이 전부였습니다.

목회를 시작하면서 내 부모님께서 둘째 아들에 대해서 생각하는 것은 '항상 바쁜 사람'이었습니다. 오히려 이해해 주시는 자리에, 기다리는 자리에 계셨습니다.

5월부터 우리는 고국을 떠나 있습니다. 부모님의 바람은 자녀들이 가까이 있었으면 하는 것입니다. 언제든지 볼 수 있는 곳에 있었으면, 명절 때마다 찾아왔으면, 생신 때마다 가족들이 함께 모였으면 하는 것입니다.

형식이라도 효의 모습을 취할 수 있으면 그것도 귀한 것입니다. 거기에 마음과 정성을 담을 수 있으면 더욱 좋겠습니다.

아내가 아플때

　요즘 감기 몸살이 유행입니다. 성도들 가운데 길게는 2주일, 짧게는 1주일씩 고생하시는 분들이 있습니다. 처음에는 목이 간질간질하다가 점점 기운이 빠지고, 근육통이 옵니다. 더 지나면 밤잠을 이루지 못하고 고열로 고생을 합니다. 오래도록 기침이 멎지 않아서 힘들어하기도 합니다.
　직장인이라면 일찍 퇴근하고, 학생들이라면 학교에 가지 못하는 경우가 생겼습니다. 근래에는 아이들보다는 어른들 중에 감기 걸린 분들이 많고 더 많이 힘들어 합니다.
　여지없이 우리 집에도 몸살의 바람이 불었습니다. 아내가 토요일부터 힘들다고 하더니 월요일 아침이 되자 몸저 누었습니다. 하루 종일 잠을 자고, 온몸이 아프다고 합니다. 급한 대로 한국에서 가져온 약을 먹었습니다. 별로 효과는 없었지만 달리 취할 방법이 없었기 때문입니다. 감기에는 약이 없다고 하는데 급한 대로 통증을 넘길 수 있는 임시 방편을 취한 것입니다. 상식에 따라 밥을 잘 먹는 것과 비타민을 섭취하는 방법도 취해보았습니다.

가족들의 반응은 어땠을까요? 자기도 감기에 걸리고 싶다고 달려드는 딸 때문에 얄밉고, 물컵을 분리해서 사용하자고 제안하는 아들 때문에 서운하며, 무심한 아들 때문에 또 서운합니다. 학교에서 돌아온 뒤에도 "많이 아프세요?"라고 인사하는 아이들은 없고, 배고프다고만 합니다.

남편이 할 수 있는 일은 무엇이 있을까요? 어설픈 죽을 끓여보는 것, 차가운 수건을 만들어 주는 것, 옆에 있어 주는 것 등이 전부인 것 같습니다. 아내에게 무엇을 해주면 좋을지를 물었습니다. 라면은 끓일 수 있는데 라면은 싫다 합니다. 외식할 수 있는데 나가고 싶지 않다고 합니다.

심하게 아플 때, 약국에서 이 나라 사람들이 먹는 약(알락산)을 구입해서 먹게 했습니다. 어떤 분은 이 나라 약이 너무 강하기 때문에 절대로 사용해서는 안 된다고 합니다. 너무 아파하기에 이 나라 약국에서 구입한 약을 먹게 했습니다. 아내는 그 약 때문인지 5시간 정도는 활동할 수 있었습니다.

감기란 어차피 시간이 지나야 되는가 봅니다. 낮에는 어느 정도 생활할 수 있다가 밤이 되면 두렵습니다. 이 밤을 어떻게 지내야 할

지 ……. 저녁이 되면 꼬박 밤을 새우게 될 것 같은 생각이 듭니다.

아내가 아플 때, 그 시간은 그 동안 잃었던 점수를 딸 수 있는 좋은 기회가 될 수 있을까요? 아내가 아플 때, 그 시간에 정말 잘하는 것은 쉽지 않은 것 같습니다. 마음에서 우러나지 않아서일까요? 익숙하지 않아서 일까요?

지나고 나면 알겠지요? "그때 왜 잘 해주지 않았습니까?"라는 말을 듣게 될지, 아닐지 말입니다. 어쨌든 가족이 아프다는 것은 다른 가족 구성원에게 역할이 주어졌다는 것이고, 그 역할 때문에 조금 더 쉽게 아픔에서 일어나는 것입니다.

그런 말이 생각납니다. "있을 때 잘해!" 타국에서는 더욱 아프지 않아야 하겠습니다.

허당

  가끔 내 자신에게 일어나는 일들을 보면서 그런 말을 생각해 보았습니다. '허당!' 내가 생각하는 나의 이미지입니다. 이 말은 국어사전에는 없는 말입니다. 매체를 통해서 일반인들에게 보편적으로 알려진 말일 뿐입니다. '허당'이라는 이미지는 '알맹이 없이 가벼운 사람', '실수가 많은 사람'을 일컫습니다. 내가 생각하는 나의 모습은 '허당'이지만, 사람들이 보는 나의 이미지는 그렇지 않은가 봅니다.

  이제까지 사람들에게서 "왜 그렇게 실수가 많으냐?", "정신을 어디에 두고 사느냐?", "가벼워 보인다."라는 말은 별로 듣지 못한 것 같습니다. 오히려 "차가와 보인다." 혹은 "지적으로 보인다."는 말을 가끔씩 듣곤 했습니다. 그런 말을 듣는 것이 나쁘지는 않았습니다. 실제로 갖고 있는 나의 모습보다 내가 되고자 하는 모습으로 비춰졌기 때문입니다. 오히려, 누군가가 나의 실체를 알게 되는 것이 두려웠는지도 모르겠습니다.

그러나 이제는 사람들이 나에게 '허당'이라고 말해도 전혀 불쾌하지 않을 수 있습니다. 그만큼 나에게 허점이 많기 때문입니다. 마음의 여유가 생긴 것이기도 할 것입니다.

지난 주 월요일에는 몇 가지 일정이 겹쳤습니다. 멀리 심방을 다녀오고, 몇몇 일정들을 진행했습니다. 그런데 저녁에 집에 돌아와서 보니 양복의 윗도리가 없습니다. 아침에 나갈 때는 있었는데, 저녁에 집에 돌아와 보니 없는 것입니다.

잠시 생각했지만 정확히 기억이 나질 않습니다. 자동차 안에 있겠지, 혹은 교회에 있겠지라고 생각하고 대수롭지 않게 여기며 지나갔습니다. 문제는 다음날에도 그 다음날에도 양복을 찾지 못했다는 것입니다. 식사하기 위해서 들른 식당에도 전화를 해보고, 자동차에서도 찾아보았지만 보이지 않습니다.

'어딘가 있겠지.'라고 생각하고 다시 찾지 않았습니다. 그렇게 하기를 6일……. 토요일 저녁이 되었습니다. 교회에서 누군가가 나의 양복을 들고 흔들어 댑니다. 순간, 나의 양복인 것을 알고 받아들었습니다. 그리고 이게 어디에 있었는지를 물었습니다. 놀랍게도 나의 양복은 선교물품 수거함에 들어가 있었습니다.

아마도 내가 그 근처에 양복을 두었었나 봅니다. 발견한 사람은 단

번에 '선교물품'으로 분류했습니다. 아무튼 찾아서 너무 다행이지만, 어떻게 선교물품함에 들어갈 수 있었을까 생각했습니다.

내 몸에 걸쳐 있을 때는 "잘 어울려요, 멋있어요." 혹은 "목사님은 옷을 잘 입으시네요." 뭐, 이런 말을 들었었는데, 벗어 두니 선교물품에 어울리는 것이 된 것입니다. 아직까지는 선교물품보다는 내가 입는 것이 활용도가 더 좋기에 다시 그 옷이 나에게 돌아온 것 같습니다.

혹시, 비싼 것을 싸구려 취급하고 있는 것은 없습니까? 아니면 싼 것이지만 고급스럽게 사용하는 물건이 있습니까? 자신의 가치를 잘 알았으면 좋겠습니다. 주님은 우리를 보실 때 "눈에 넣어도 아프지 않은 사람"입니다. 보배롭고 존귀한 존재입니다. 스스로의 가치를 낮추지 않으면 좋겠습니다. 사람들에게 '허당'이면 어떻습니까? 우리는 주님께서 보실 때는 "보배"인데요.

기대치

자녀를 셋 키우고 있습니다.
때로는 함께 여행하고,
때로는 함께 외식하고,
때로는 함께 게임하고,
때로는 강하게 세대 차이를 보이며 오늘에 이르렀습니다.
함께 하는 시간들이 많습니다. 그 시간 속에서 자녀에게 요구하는 기대치가 있었습니다.
큰 아들은 초등학교 때, 피아노를 좋아했습니다. 아니, 잘 했다고 할 수 있을 것입니다. 배우는 속도가 빨랐고, 자기가 좋아하는 곡은 한 번 듣고 곧잘 흉내를 냈습니다. 건반을 안 보고도 음을 아는 것, 어떤 곡은 듣기만 하고도 그대로 연주해 보이는 것을 보면서 대견해 하기도 했습니다. 초등학교 5학년 때에는 저녁예배 때, 잠깐이지만 찬송가 반주를 맡기기도 했습니다.

　필리핀에 와서, 건반을 연주하는 모습을 기대했습니다. "청소년부 예배 때, 반주자가 없어서 걱정이에요."라는 말을 들으면 어김없이 큰아들에게 "네가 해라."라고 했습니다. 그런데 아들은 피아노 치는 남자보다는 기타 치는 남자가 더 멋있어 보였는가 봅니다. 이제는 건반을 멀리하고 시간만 있으면 기타를 연주합니다.

　둘째아들은 책 읽는 것을 좋아했습니다. 어느 집에 가든지 책이 있는 곳으로 가서 책을 읽는 습관이 있었습니다. 학교 성적도 좋았습니다. 둘째 아들이 가끔씩 던지는 질문도 여러 종류의 책을 읽은 뒤에 던질 수 있는 질문이었고 깊이가 있었습니다. 필리핀에 와서도 그 모습 그대로 이어가기를 기대했습니다. 그런데 예전만큼 책을 읽지는 않는 것 같고, 학교 성적도 기대만큼은 아닌 듯 합니다. 둘째 아들이 말합니다.

　"아직, 내 때가 이르지 않았습니다. 좀 더 기다리세요."

　막내인 딸은 적극성을 가지고 있습니다. 온 가족이 드라이브를 나간다든지, 가벼운 여행을 갈 때, 혹은 외식을 나갈 때에도 적극적입니다. 딸은 한번 이야기를 꺼내면 어떻게든지 쟁취하고 맙니다. 딸이기 때문에 애교 있게 목적을 이루는 것은 아닙니다. 그저 일에 대한 성취도에서 남들보다 탁월하다고 할 수 있을 것입니다. 그 욕심이 학업 성적에 있어서도 좋은 결과를 얻게 만드는 것 같습니다. 딸

에 대한 기대는 책을 조금 더 열심히 읽는 것입니다. 그런데 아무리 강조해도 딸에게 있어서 책은 수면제일 뿐입니다.

세 아이 모두 잘하고 있습니다. 내가 어렸을 때를 생각해 보았습니다. 그때 나는 큰아들처럼 음악적 감각이 뛰어나지도 않았으며, 둘째아들처럼 책을 열심히 읽지도 않았고, 딸처럼 좋은 성적을 내지도 못했습니다. 어찌 보면, 나의 자녀들은 다 잘 하고 있다고 하겠습니다.

하나님께서 이런 말씀을 하시지나 않을까 생각했습니다. "네 자녀들은 잘 하고 있다. 내가 키우겠다. 걱정하지 말아라. 너나 잘 하거라."

자녀에 대한 기대치는 낮추고, 하나님의 기대치에 더 관심을 가져야 하겠습니다.

🌱🌱🌱 가정예배

언젠가 부모가 이런 대화를 하게 됩니다.

"아이들을 잡아야 하겠습니다."

조금 더 엄격하게 공부를 시킨다든지, 책을 읽게 한다는 뜻으로 한 말이었습니다. 그때 근처에서 듣고 있던 아이가 말을 했습니다. "우리를 잡겠다고요? 우리가 잡힐 것 같으세요?" 그 아이는 어림없다는 투로 대답을 했습니다. 그 아이가 누군지 생각이 나질 않습니다. 우리집 세 아이 중 한 명인 것은 분명한데…….

요즘 들어 우리 가정에서 무언가 잘못되어 가고 있다는 생각을 하게 되었습니다. 특히 시험을 치르고 난 뒤에, 혹은 다른 사람들로부터 교육에 대한 다양한 정보들을 듣고 난 뒤에는 더욱 예민해지기도 했습니다.

모든 문제의 해결을 "예배"에 두기로 했습니다. 목회자의 가정이

지만 가정예배를 드릴 때는 많지 않았습니다. 정기적이지도 못했습니다. 교회에서 신앙생활 하는 것도 중요하지만 가정 안에서 더 그리스도인다운 모습을 가져야 하겠다고 생각하게 되었습니다.

우리 가정에서 드리는 가정예배는 나름대로 특징이 있습니다. 특히 며칠 전부터 새롭게 시작한 가정예배에서 아버지는 빠지게 되었습니다. 늘 예배를 인도하던 내가 집에서까지 또 예배를 인도하고 싶지 않았다는 것이 첫 번째 이유입니다. 또 한 가지 이유를 들자고 하면 목사인 나는 가정 예배를 인도하기에 적합하지 않다는 것입니다. 목사가 설교하듯이 인도하기 때문에 아이들과는 왠지 거리감을 두게 됩니다. 그래서 우리 집에서는 온 가족이 돌아가면서 예배를 인도하기로 했습니다.

예배를 드리면서 놀라는 것은, 비록 아이들이지만 말씀에 대한 해석과 적용이 어른들과 크게 다르지 않다는 것입니다. 자신에게 부족한 것이 무엇인지, 무엇을 고쳐야 하는지를 정확하게 안다는 것입니다.

어릴 적부터 예배가 가장 중요하며, 나중에 어른이 되었을 때 우리 가정을 떠올릴 때에 예배드리던 모습, 말씀을 나누던 모습이 좋은 기억으로 떠올랐으면 좋겠습니다.

너도 그렇게 하라

어느 가정에서나 자녀와 부모 사이의 줄다리기가 있을 것입니다. 자녀의 요구가 전부 다 받아들여지지는 않습니다. 부모에게는 원칙이 있으며, 어느 정도는 자녀들도 그것을 알고 있습니다.

"우리 아버지는 전혀 들어주시지 않을 거야." 라고 하면서 미리 포기하는 경우가 있는가 하면, 무작정 떼를 쓰면서 들어달라고 요구하는 경우도 있습니다. 언제나 이 둘 사이에는 긴장감이 있는 것입니다.

지난 화요일, 태풍 때문에 바람이 심하게 불던 날이었습니다. 당연히 아이들은 학교에 가질 않았고 온 가족이 집 안에 있었습니다. 아침 식사를 마치고 난 뒤부터 집에 전기가 들어오질 않았고, 그나마 밝은 쪽인 거실에서 함께 책을 읽는 시간을 가졌습니다. 잠시 후 누군가가 영화를 보여 달라고 했습니다. 아마도 막내였던 것 같습니다. 같은 반 친구들이 거의 그 영화를 보았다는 것입니다.

부모인 우리는 단호하게 안 된다고 하였습니다. 태풍 때문에 어려워하는 사람들도 많은데 한가롭게 영화를 보는 것은 안된다고 하였습니다. 평소 영화를 별로 좋아하지 않던 막내의 요구였기에 들어줄 법도 한데, 아쉽지만 그렇게 일단락 지었습니다.

점심 이후 아내는 교회에서 상담이 약속되어 있었기에 교회로 갔고, 나는 근처 쇼핑몰에 있었습니다. 교회 전기가 들어오지 않기 때문에 전도사님들도 책을 들고 전기가 들어오는 근처 커피숍을 찾아 나간 뒤였습니다.

잠시 후 막내에게서 전화가 왔습니다. 영화가 3시 30분에 파워플랜트 몰에서 상영을 하는 것과 그 다음 상영시간은 5시 40분이라고 알려왔습니다. 물론, 보여주지 않아도 괜찮다고 하였습니다.

일단 전화를 끊었습니다. 잠시 후 다시 전화를 했고, 집에 있는 아이들과 상의하도록 했습니다. 아이들끼리 나눈 대화는 그렇게 긍정적이지는 않았습니다. 큰아들은 관심이 없다고 했습니다. 막내는 그 사이에 오빠들을 설득하였습니다. 시간을 보니, 2시 50분쯤 내가 데리러 갈 수는 없어서, 아이들끼리 택시를 타고 오도록 했고, 나는 표를 끊었습니다. 그렇게 해서, 아이들이 뛰어서 영화관으로 들어온 시간은 영화가 시작되기 4분전이었습니다. 사람들이 많았기 때문에 우리는 영화관의 맨 앞자리 앉아서 관람했습니다.

영화를 보고 난 뒤에, 문제가 발생했습니다. 아이들이 집을 나서면서 열쇠를 집 안에 두고 문을 잠근 것입니다. 문을 열어주는 서비스를 신청하고 기다리는 동안 아이들은 엄마에게 한소리를 들어야 했습니다. "어쩌자고 아빠에게 떼를 썼느냐?", "이렇게 태풍이 오는데 집에 있으라고 하지 않았느냐?", "정신없이 나오니까 열쇠를 집 안에 두고 문을 잠근 것이 아니냐?" 등.

열쇠 때문에 불편을 겪고 나니, 나 스스로에게 질문을 하지 않을 수가 없었습니다. '내가 왜 허락 한 거지?' 하루의 과정을 되짚어 보았습니다. 딸은 철저하게 준비를 하고 있었습니다. 지금 이 시간 아빠가 어디에 있는지, 아빠를 움직이기 위해서는 어떻게 해야 하는지, 그 일을 위해서 최소한 자신이 해야 할 일이 무엇인지, 그것을 오늘 얻어내기 위해서는 어떻게 해야 하는지를 알고 노력한 것입니다. 분명 아침에는 "안 돼"였지만 그것이 끝은 아니었습니다. 딸은 자신의 노력으로 목적을 달성했습니다.

그날의 일을 생각하며 내가 하나님께 기도하는 방식을 생각할 수 있었습니다. 알아서 주시기를 바라며 마냥 기다리지 않고, 하나님의 마음을 움직이기 위해서 적극적으로 노력하는 것입니다. 미리 포기하지 않고 간구하는 것, 내가 할 수 있는 최선의 일을 실천하면서 기도하는 것입니다.

하나님의 음성이 문득 이렇게 들려옵니다.

"딸이 하는 것 잘 보았지? 너도 그렇게 하려무나."

빼빼로 데이

'빼빼로 데이'를 아시나요?

 흔히 젊은이들은 11월 11일을 그렇게 부릅니다. '11'이라는 아라비아 숫자가 길쭉한 과자를 닮았기에 '빼빼로'라고 했으며, 그 과자를 전달하는 것을 '사랑'의 행위로 연결시키기에 "데이(Day)"라고 합니다. 이제 이날은 아이들이 기대하고 기다리는 날이 되었습니다.

 며칠 전, 우리집 아이들과 함께 차를 타고 집에 가면서 이 날에 대한 이야기를 나누었습니다. 조금은 놀랍고 신기한 듯한 목소리였습니다. 백 년에 한 번이니, 혹은 천 년에 한 번에 맞게 되는 아주 특별한 날이라는 것입니다. 올해가 2011년이기 때문에, '11'의 숫자가 더해졌기 때문에 그런 것입니다. 나는 시큰둥하게 반응했습니다. 어느 회사에서 장사를 위해서 만들었거나 젊은이들이 사랑을 표현하기 위해서 만들었을 법한 이야기입니다. 예전에 이런 말을 할 때마다 무시하곤 했습니다. 밸런타인데이나 화이트데이를 건강하지 못한 문화라고 여겼고, 아이들이 이런 말을 할 때는 애써 휩쓸리지 않기를 바라면서 설명하기도 했습니다.

이번에도 아이들에게 말 안 되는 이야기를 했습니다.

"11월 11일에는 꼭 빼빼로를 먹으라는 법은 없지 않느냐? 쭉쭉 뻗은 것으로 말하면 젓가락이 좋겠다. '젓가락데이~' 그날은 젓가락으로만 밥을 먹도록 하자. 아니면 가래떡데이도 있다."

내가 이런 말을 했을 때는 아이들은 내 말에 대꾸도 하지 않습니다. 그저 세대 차이로 여기며 웃어버립니다. 아내도 아이들의 마음을 먼저 헤아려 주라고 합니다.

젊은이들이 과도하게 휩쓸리는 모습은 아쉬운 부분이 있지만 마냥 나의 주장만을 피력할 수만은 없었습니다.

시계를 되돌려 보겠습니다. 때는 바야흐로 일년 전, 그러니까 2010년 11월 11일로 돌아갑니다. 몇 해 동안, 이미 여러 번의 빼빼로 데이를 그냥 지나간 터라 아이들에게 점수를 얻기 위해서 교회근처의 슈퍼마켓에 들렀는데 마침 다 팔리고 그 흔한 빼빼로가 한 개도 없다는 것입니다. 다른 가게에도 들렀지만 상황은 마찬가지였습니다. 집에 돌아가서 "아빠가 빼빼로를 꼭 사 가지고 오려고 했는데, 다 팔리고 가게에 없었어!"라고 말했습니다. 그러나 그것으로는 아

이들을 만족시킬 수 없었으며, 아빠로서 점수를 딸 수 없었습니다.

올해에는 11월 11일이 되기 사흘 전쯤, 가게에 들러서 종류별로 빼빼로를 구입했습니다. 오리지널, 아몬드, 누드 등. 그 중에서 아이들이 제일 좋아하는 것은 초콜릿이 밖에 묻어있지 않은 '누드 빼빼로'라는 것도 아이들의 외침을 듣고서 알게 되었습니다.

"아빠, 난 누드 빼빼로!"

며칠 전에 구입해 놓고, 11월 11일에 주기 위해서 따로 보관하였습니다. 그날 아침 빼빼로를 전달하였을 때, 기뻐하는 아이들의 모습을 볼 수 있어서 행복했습니다. 그것이 전혀 기대하지 않았던 아빠, 먹을 것을 자주 사 들고 집에 가지 않던 무뚝뚝한 아빠에게서 오는 것이었기에 더욱 큰 효과를 얻게 된 것 같습니다.

저녁에 아이들과 함께 차를 타고 오면서 막내, 신영이가 큰 소리로 말했습니다. "아빠! 오늘 한국 아이들 중에 아무도 빼빼로를 가져오지 않았어요, 나 혼자 가져왔어요. 슈퍼마켓에 갔는데 다 팔렸대요. 어떤 아이는 아빠가 슈퍼마켓을 운영하는데도 다 팔렸기 때문에 없어서 못 가져왔대요."

단, 45페소로 이렇게 효과를 극대화할 수 있을까요? 작은 것으로 누군가를 기쁘게 할 수 있음을 새삼스럽게 깨닫게 되었습니다.

마음만 있으면 우리가 누군가를 행복하게 할 수 있는 일이 많다는 것을 새롭게 알게 된 하루였습니다.

라면 한 봉지에 담긴 것

 이민생활의 불편함 중, 으뜸으로 꼽을 수 있는 것에는 어떤 것이 있을까요? 고국에서는 쉽게 접할 수 있는 것을 구하기 어렵다는 것이 아닐까요? 우리끼리 그런 말들을 자주 하곤 합니다.
 "한국에서는 쉽게 구할 수 있는 것인데.", "인터넷으로 주문하면 다음날 받아 볼 수 있는데.", "마트에 가면 다 있는데."라는 등의 말입니다.
 얼마 전 어느 연예인이 개발한 라면이 화제가 된 적이 있습니다. 이 라면이 상품화 된 이후에 한국에서는 불티나게 팔린다는 것입니다. 인터넷 뉴스에서 자주 보는 기사이기 때문인지 나도 은근히 궁금해졌습니다. 그런 이유로 필리핀에서는 사람들끼리 모이면 "그 라면 먹어봤어?"라는 질문을 하게 됩니다. 그러면서 문득, "한국에 있는 사람들은 좋겠네." 혹은 "이래서 한국에 있어야 돼!"라고 말합니다. 고로 '이민 생활을 한다는 것'은 '먹고 싶은 고국의 음식을 마음대로 먹을 수 없다는 것'이 됩니다.

나는 지난주에 화제의 그 라면을 선물 받았습니다. 누군가가 라면 다섯 봉지를 건네주었습니다. 나는 그것을 과감하게 '선물'이라고 하였습니다. 그 라면 봉지를 보았을 때, '이것이 인터넷에서만 보았던 라면, 말로만 들었던 그 라면이구나!' 라는 생각에 반가웠습니다.

나는 라면을 그다지 즐기는 사람은 아닙니다. 야식도 거의 하지 않습니다. 다만, 라면 끓이는 실력이 탁월하기에 가족들의 요구가 있을 때 요리 담당하곤 합니다.

온 가족이 그(The) 라면 먹는 시간을 가졌습니다. 기사에 난 대로 정말 맛있었는지는 잘 모르겠습니다. 다만, 즐겁게 고국의 것을 공유했다고 말할 수 있게 되었습니다.

새삼, 고국에서는 평범한 것이 이국에서는 감동이 될 수 있으며, 고국에서는 일상의 것이 이국에서는 행복의 근원이 될 수 있음을 알게 되었습니다. 고국에서는 얼마나 많은 사람들이 라면 한 봉지에 행복할 수 있을까요?

영양갱 하나, 뻥튀기 과자 하나에 그렇게 행복할 수 있을까요? 가격으로 따지면 얼마 되지 않는 그 상품 하나에 뿌듯할 수 있을까요? 고국의 향내는 언제나 우리를 푸근하고 행복하게 만들어 줍니다.

또 이런 생각도 합니다. 나는 고국의 물품들을 쉽게 접할 수 있는 마닐라 시내에 살고 있습니다. 반면에 선교를 위해서, 또는 사업을 위해서 필리핀의 지방에 머무는 분들은 비싼 값을 줘도 고국의 물품들을 구입할 수 없습니다.

우리는 그렇게 살고 있는 것이 아닐까요? 더 좋은 조건과 덜 좋은 조건 사이에서 말입니다. 그리고 모든 환경에서 감사해야 할 것입니다. 내가 더 좋은 조건의 사람들을 보면서 '얼마나 좋을까?' 생각하면서 부러워하는 사이에 그 누군가는 나를 보면서 '얼마나 좋을까?' 하면서 부러워할 수 있습니다.

평범함 속에서 감사, 애써 비교하면서 감사할 것은 아니지만, 소박한 작은 것이 가슴 벅찬 행복을 줄 수 있음을 느껴봅니다.

치사한아버지

 지난 1주일 동안, 아이들과 함께 저녁식사를 하지 못했습니다. 거의 10시에서 11시 사이에 집에 들어갔기 때문입니다. 수요일 저녁 예배를 마치고 집에 들어갔을 때, 아이들의 모습이 너무 자유로와서 놀랐습니다. 물론, 평소와 크게 다르지 않았지만 그날따라 자유로운 풍경을 보면서 조금은 답답한 마음이 들기도 했습니다.
 부모의 책임이 없는 것은 아닙니다. 1주일째, 아이들끼리 저녁식사를 하게 하고 챙겨주지 못하여 미안함도 있었습니다. 그렇지만 부모가 들어올 때까지 컴퓨터를 하거나 뒹굴뒹굴 놀기만 하는 모습이 그날따라 과한 듯 했습니다. '컴퓨터가 없으면 마지못해 공부를 하든지 책을 읽게 되지 않을까?' 라고 생각했습니다. 목요일 아침에 아이들에게 선전포고를 하였습니다.
 "아무리 놀아도 조금은 공부를 해야 하지 않겠니?" 그리고 "오늘 저녁, 너희들이 학교에서 돌아왔을 때, 컴퓨터에 패스워드가 걸려 있을 것이다." 그리고 "오늘 저녁시간 만큼은 공부를 하도록 하자." 라고 말했습니다.

아이들의 반응은 시큰둥합니다. 마치 '아버지, 마음대로 하세요. 저희는 상관없어요.' 라는 식의 표정들이었습니다.

컴퓨터를 사용하지 못하도록 비밀번호를 걸어놓는 것, 아마도 우리집에 컴퓨터가 들어온 이후로 처음 시도하는 것이었습니다. '이렇게 치사한 아버지가 되어야 하는가?' 라는 생각이 들기도 했지만 오늘 하루만큼은 해보기로 했습니다. 한 번 정도, 이렇게 함으로써 그날만큼은 의지력 약한 아이들을 도와줄 수 있을 거라고 생각했습니다.

어떤 비밀 번호가 좋을까요? 나중에 나도 잊어버릴지 모르니, 쉬운 것으로 하였습니다.

비밀번호 힌트는 '아이들', 비밀번호는 '공부' 였습니다.

그렇게 바쁜 하루가 지났습니다. 집에 돌아오니 11시가 넘은 시간, 아이들은 모두 잠이 들었습니다. 다음날 아침에 아이들이 묻습니다. "아빠, 비밀번호가 뭐예요?" 아마도 저녁 내내 아이들끼리 상의하면서 비밀번호를 풀어보려고 노력했던 것 같습니다.

그래서 아빠를 놀래키고, 자기들끼리 짜릿하게 컴퓨터를 사용하고 싶었던 것입니다. 그런데 실패했습니다.

'아이들'이라는 힌트에 따라 아이들이 시도한 비밀번호는 '사랑', 'children', '짜증나', 그리고 글자의 순서를 바꾸어 '들이아'도 있었습니다. 아! 거의 정답에 가깝게 '공부해!'도 있었습니다.

나는 뿌듯하게 비밀번호를 알려 줬습니다.

"비밀번호는 '공부'란다."

이 말을 듣자마자 한 아이는 컴퓨터로 달려가서 타이핑을 합니다. 그리고 마침내 컴퓨터가 열렸습니다. 다 같이 아쉬움의 탄성을 지릅니다.

"아, 왜 이것을 몰랐지?"

"거 봐, 내가 어제 공부라고 했잖아!"

"난 형이 타이핑을 해 본 줄 알았지!"

그리고 물었습니다.

"공부는 했니?"

"예, 했어요."

그렇게 1주일 중, 하루를 마지못해 아빠의 강요에 의해서 공부한 우리집 아이들, 부모가 원하는 것은 컴퓨터를 전혀 하지 않는 것이 아니라, 조금은 자기 발전을 위해서 책을 읽으면서 놀기도 하고 컴퓨터도 하는 것입니다. 자기 할일을 어느 정도 해 놓고서 노는 것이 필요하다는 생각은 모두 부모들에게 공통적인 바람이 아닐까 싶습니다.

여러분은 기본은 하고 있습니까?

혹시 너무 많은 시간을 여가에 보내고 있지는 않습니까?

혹시 너무 많은 시간을 일에 매달리고 있지는 않습니까?

혹시 너무 많은 시간을 하나님께서 기뻐하시지 않는 일에 쏟고 있지는 않습니까?

주님께서는 우리가 즐거운 시간을 갖는 것을 책망하시지는 않습니다. 다만, 신앙의 기본을 감당하지 못하면서 너무 자신의 일에만 몰두하는 것을 안타까워하십니다.

혹시 압니까? 내 즐거운 일에 주님께서 '패스워드'를 걸어 놓으실지…….

잊을 것과 기억할 것

"아버지는 잃어버리는 것이 많으시네요."

2011년 마지막 날, 아들에게서 들은 말입니다. 아이들에게 자주 외쳤던 나의 소리 때문인가 봅니다.

"아빠 휴대폰 본 사람!", "아빠 열쇠 본 사람!", "아빠 지갑 본 사람!", "아빠 메모리카드 본 사람!" 등. 물건을 두고 나서 그 물건을 어디에 두었는지를 잘 생각하지 못하기 때문에 나타나는 현상입니다.

아이들이 보기에도 너무 자주 잃어버리는 아버지의 모습이었네요. 물건을 어딘가에 둘 때는 '중요한 물건이기 때문에 아무 데나 두면 안 되지.' 이렇게 생각하고는 특정한 장소에 둡니다. 늘 보이는 곳에 두기보다는 더 안전한 곳에 두는 것입니다.

이번 주에는 작은 외장형 하드를 찾는 데 시간을 들이게 되었습니다. "아빠의 외장형 하드 본 사람!" 그것의 길이는 휴대폰보다 작고, 두께는 휴대폰보다 약간 두꺼운 것입니다. 항상 가방 안에 넣고 다니며 자주 사용하는 것입니다. 보통의 경우, 나는 이 물건이 어디에 있는지를 알고 있습니다.

지난해 망가진 컴퓨터의 자료를 옮겨놓으면서부터 그것은 내게 가장 중요한 물건 중 하나가 되었습니다. 분명히 어딘가에 있을 텐데, 며칠째 찾을 수가 없었습니다. 내가 보통 두던 곳에는 없다는 것이 확인되면서부터 더욱 답답해졌습니다.

정리를 잘하는 사람이라면 물건을 찾는 데 시간을 많이 들이지 않겠지요? 나는 다른 사람보다 책장을 어지럽게 사용하는 편입니다. 그래도 어느 종이가 어디에 있는지, 어느 물건이 어디에 있는지를 거의 잘 압니다. 그래서 다른 사람이 내 책상을 치우지도 못하게 합니다. 어지럽힌 상태에서 물건을 두고 찾는 나의 패턴이 있기 때문입니다.

이번 분실사건의 원인은 나의 물건을 항상 두던 곳에 두지 않았기 때문입니다. 그 물건을 찾으면서도 '어딘가에 있을 거야, 아주 잃어버리지는 않았을 거야.' 라고 확신했습니다. '분명, 어딘가에 있는데.' 라고 생각하면서도 지금 당장 나의 손에 없기 때문에 너무 답답했습니다. 찾기 시작한 때부터 물건이 나의 손에 들어오기까지는 다른 일을 제대로 하기 어려웠습니다.

2011년을 8시간 남겨 둔 시간, 12월 31일 오후 4시에 바로 그 물건을 찾았습니다. 그래도 다행이라고 생각합니다. 해를 넘기지 않았으니 말입니다. 잠시나마 그 물건을 왜 잃어버렸을까 생각해 보았습니다. 가방 안에 두던 물건을 교회 사무실 책상 서랍에 두었기 때문이었습니다. 찾느라고 찾아보았지만 그곳에는 없으리라고 단정하고 대충 찾아보았기 때문이기도 했습니다.

  늘 있던 곳, 내가 있어야 할 곳이 어디인지 아는 사람은 한 해를 멋지게 시작하리라 생각합니다. 혹시 주님이 찾기 어렵게, 엉뚱한 곳에 가 있지는 않은가요?

  내가 지금 어디에 있으며, 어디로 가고 있는지는 알고 있습니까? 주님은 "나는 포도나무요 너희는 가지니" 요한복음 15장 5절 라고 말씀하셨습니다. 주님에게만 붙어 있으면 헤매지 않을 수 있다는 뜻도 됩니다.

  잊지 말아야 할 것만, 중요한 것들만을 가지고 새해를 시작했으면 좋겠습니다.

치약 짜는 습관에 대하여

"어머, 나랑 똑같이 하네요!"

어느 날 아내가 목양실 책상 위에 있는 치약을 보고서 한 말입니다. 치약의 한 가운데가 꾹 눌려 있었던 것입니다.

나 혼자만 사용하는 치약의 한 가운데가 꾹 눌려 있다는 것은 무의식중에 내가 그렇게 사용했다는 증거입니다. 인정하고 싶지 않았으며, 내 스스로도 깜짝 놀랐습니다.

결혼하고 나서 줄곧 나는 아내에게 말했습니다. "치약 한 가운데를 꾹 눌러서 사용하면 다음 사람이 불편하지 않느냐?"라고 말입니다.

나는 아내가 꾹 눌러 놓은 치약을 매번 고쳐 놓았습니다. 그리고 가끔씩 설명을 했습니다. '당신이 한 행동은 다른 사람을 불편하게 하는 행동'이라고 말입니다.

"내가 그 치약을 다시 정리 하는데 드는 시간, 3초는 인류 발전을 위해서 크게 사용할 수 있는 시간이요, 하루에 9초 10년이면 도대체 얼마가 되는 것인가요? 특별히 바쁜 아침에는 나에게 정말로 소중한 시간이며, 스트레스로 인해 하루의 시작이 불쾌하다면 얼마나 큰 영향을 끼치는지 아시오?"

들려오는 아내의 대답은 한결같았습니다.

"당신도 그렇게 하세요."

그럴 수 없지요, 내가 치약 한 가운데를 꾹 눌러서 짜서 사용하는 것이 오히려 더 불편합니다. 십수 년 동안 아내의 그 습관을 고치지 못했습니다. 나의 잔소리는 화장실에서 들리는 메아리에 불과했습니다. 처음에는 불평하면서 고쳐놓았습니다. 한동안 결혼생활이 계속되고 나서, 아내의 그런 습관이 그리 불편하지 않게 되었습니다. 내가 수용하기로 한 것입니다. 아니, 자연히 수용된 것입니다.

그런데, 그런데 말입니다. 목양실의 치약, 한 가운데가 꾹 눌려 있는 치약을 보는 순간, 나도 아내의 습관을 닮아버렸다는 생각을 갖게 했습니다.

아주 가끔 목양실에 있는 치약을 사용한 아내가 꾹 눌러 놓고, 나는 그것이 눌려진 채로 사용했던 것입니다. 그리고 그 망가진 치약을 가지런히 밀어 올려야겠다는 생각을 하지 않았던 것입니다.

누군가를 고칠 수 없다면 내가 바뀌면 되는 것이지요? 우리는 상대방의 습관이나 버릇을 바꾸려고 얼마나 많은 노력을 하는지 모릅니다. 그것이 커다란 악(惡)의 요소가 아니라면 굳이 신경 쓸 필요가 없는 것입니다. 사실, 치약 짜는 습관이 하나님 나라의 확장을 저해하는 것도 아닌데, 왜 그리 잔소리를 했는지 모르겠습니다.

우리가 자주 하는 말이나, 타인을 향한 간섭 가운데서도 굳이 신경 쓰지 않아도 될 것들이 무척 많습니다. 그런 간섭에서 자유로울 수 있기를 바랍니다.

그리고 나서, 정작 몰두해야 할 중요한 일에 집중하는 것입니다.

바라기는 내 아내가 옷을 벗어서 옷장 속, 옷걸이에 넣지 않고, 아무 데나 두는 습관을 조속히 받아들여서 화목한 가정을 이루어 나갔으면 좋겠습니다.

더 이상 내 귓가에 "옷을 벗어서 아무 데나 두지 마세요."라는 메아리 소리가 들리지 않았으면 좋겠습니다.

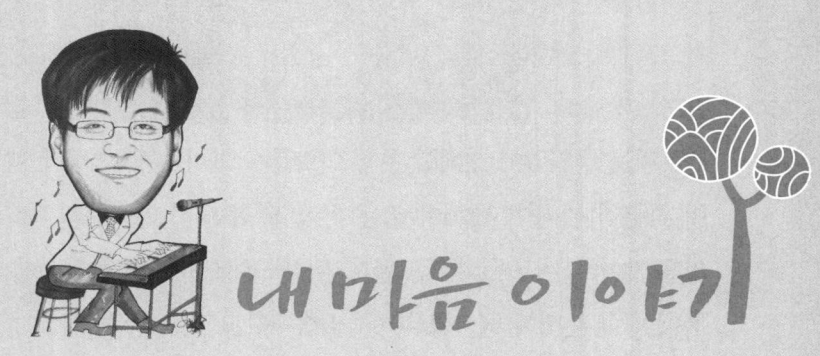

내 마음 이야기

맛있는 선택

우리는 끊임없이 선택합니다. 어디를 가야하는지, 어떻게 행동해야 하는지, 어떻게 말해야 하는지, 언제 잠을 자야 하는지, 어느 학교를 가야 하는지 등. 문득, 우리의 선택 중에 가장 중요한 선택은 행복에 대한 선택이라는 생각이 들었습니다.

행복과 불행은 우리에게 운명적으로 주어지는 것이 아니라, 우리의 선택에 의해서 결정된 것임을 생각합니다. 들어보셨나요? '행복은 선택이다.' 식탁의 경우를 보겠습니다. 우리는 식사를 하기 전 여러 가지 선택하게 됩니다.

누구와 함께 식사할지를 선택합니다. 세계 어느 나라든지 함께 식사하는 사람은 좋은 사람, 소중한 사람, 혹은 나를 행복하게 해주는 사람입니다. 예수께서 죄인들과 가난한 자들과 기꺼이 식탁을 함께 하셨던 것처럼, 그것이 모든 이들을 행복하게 했던 것처럼 말입니다.

 우리는 식사 전에 무슨 음식을 먹을까를 고민합니다. 일명, 행복한 고민입니다. 먼저 어느 식당으로 갈까를 고민합니다. 한식을 먹을지, 중식을 먹을지, 아니면 고급 레스토랑으로 갈지 저렴한 곳으로 갈지를 결정합니다. 내 몸을 행복하게 만들어 줄 식당에 대한 선택입니다.
 일단 음식점에 들어가면 다양한 메뉴들을 보면서 그 메뉴 중 하나를 선택합니다. '지금 내가 가장 먹고 싶은 것', 즉 나를 행복하게 해줄 메뉴를 정합니다. 그리고 주문하고, 그 음식이 나올 때까지 행복하게 기다립니다. 나와 함께 식사하는 사람은 항상 나에게 좋은 사람입니다. 기다리는 시간도 행복하며 조금 늦게 나와도 좋습니다. 잠시 후면 내가 생각했던 맛있는 그 음식이 나올 것이기 때문입니다.
 내가 생각했던 것보다 맛없는 음식이 나오면 어쩌나 고민되나요?

걱정하지 마십시오. 그 사람에게는 역시 맛없는 음식이 나올 것입니다. 그것은 '맛이 없으면 어쩌나' 하면서 맛없는 음식을 주문했기 때문입니다.

행복에 대한 선택은 "역시 맛있어"라고 감탄하면서 음식을 먹는 것입니다. "여기 오길 잘 했어.", "역시 탁월한 선택이었어." 그 사람은 항상 행복을 선택하는 사람입니다.

음식 맛있게 먹는 법

① 소중한 사람과 먹는다.
② 조금 배고플 때 먹는다.
  "미안합니다. 방금 전에 식사를 해서……. 밥 먹은 지 얼마 되지 않아서……." 이러면 곤란합니다. 혹 그렇더라도 "정말 맛있게 먹겠습니다." 인사하면서 즐기면 좋겠습니다.
③ 무슨 음식이든지 맛있을 것으로 기대하면서 먹는다.
④ 맛있게 칭찬하면서 먹는다.
⑤ _____ 먹는다.

오늘 점심은 북적대는 교회 2층 식당에서 여태까지 맛보지 못했던 최고의 음식이 나올 것입니다. 너무 사람이 많으면 조금 기다렸다가 식사하세요. 새가족이 있으면 양보한 후에 식사하세요, 혹시 낮

선 사람이 있으면 함께 식사하자고 청해보세요. 더욱 맛있는 식사가 될 것입니다.

혹시 오늘 저녁은 누구와의 식사가 계획되어 있습니까? 소중한 사람을 초청해 보십시오. 그리고 음식을 먹으면서, 선택하면서 결단해 보십시오. 내가 맛있는 음식을 선택하는 것처럼 내 삶에 있어서 항상 맛있는 선택만 할 것이라고, 행복한 선택만 할 것이라고 말입니다.

그러면 하나님은 항상 최고의 식탁과 최고의 삶을 주실 것입니다.

즐기세요. 맛있는 인생!

아날로그의 매력

"목사님, 디지털로 갈아타시죠."

내가 어느 날 아날로그 카메라에 대한 불편함을 말할 때, 어느 집사님이 조언하셨습니다. 디지털 카메라의 편리함과 매력을 잘 알고 있으며, 좋은 디지털 카메라를 사용하는 분으로서 당연한 권유였습니다. 또한 아날로그가 얼마나 불편한가를 잘 알고 있는 사람 사이의 공감대입니다.

아닌 게 아니라, 여러 번 디지털에 대한 갈망이 있었습니다. 그 불편함이란 때론 견디기 어려운 정도입니다. 그 중에서도 가장 불편한 것이 필름입니다. 한국에서는 아무 가게를 들어가든지 필름을 구입할 수 있었습니다. 시골의 구멍가게와 같은 곳에도 필름은 있었습니다. 인터넷을 이용하여 대량으로, 하루 만에 구입할 수 있었습니다. 그런데 여기 필리핀에서는 필름을 구입하기가 어렵다는 것을 실감나게 느낍니다. 언젠가 교회 행사를 위해 교회 학생에게 필름을 구입해 오도록 시켰는데, 빈손으로 왔습니다. 근처 가게에는 없다는 것입니다.

디지털로 가는 것인 대세고, 당연한 것으로 보입니다. 나도 언젠가는 디지털로 갈 것이라는 생각을 해 봅니다.

아날로그 카메라에는 많은 과정이 필요합니다. 아날로그에는 손맛이 있으며, 손을 움직여야 하는 과정이 있습니다. 가게까지 걸어가서 필름을 구입해야 하는 것 외에, 필름을 통에서 꺼내서 카메라 뒷 뚜껑을 열고 정성스레 한 바퀴 돌려서 넣는 과정이 있습니다. 사진을 찍은 후 곧바로 확인할 수 없다는 단점이 있습니다. 어떤 때는 아이들이 찍은 사진을 보자고 덤벼들기도 합니다.

한 장 한 장 정성을 들여야 합니다. 필름이 곧 돈이기 때문입니다. 대충 여러 장 찍은 후에 나중에 좋은 사진으로 고르면 된다는 식으로는 필름 값을 감당할 수가 없습니다. 사진 찍는 감각을 키워야만 합니다.

현상소에 맡기고 기다리는 동안 기대를 하게 됩니다. '정말, 잘 나왔을까?' 물론, 때에 따라서는 실망도 많이 하지만 기대한 만큼 사진이 나왔을 때는 참 기분이 좋습니다.

찍은 사진들은 필름 현상을 하고, 적당한 크기로 인화를 합니다. 또 한 가지의 과정은 앨범을 만드는 것입니다. 컴퓨터 안에서 할 수

있는 '디지털 앨범'도 있지만 수 십년 동안 이어온 전통을 그대로 고집하는 것도 좋습니다.

  쉬는 날에는 잔뜩 쌓아놓은 사진들을 종류별로, 날짜별로 모아놓고 풀을 붙입니다. 사진을 붙이면서 찍을 때 즐거웠던 생각들을 떠올립니다. 상황들이 그대로 재현됩니다. 잘 나온 사진들은 눈 가까이 가져다가 자세하게 봅니다. 이것은 모니터 속에서 사진을 확대해서 보는 것과는 또 다른 맛이 있습니다.

  편리함과 불편함으로 구분할 수 없는 매력이라고 정의할 수 있을 것입니다.

  신앙은 디지털인가요? 아날로그인가요?

  요즘 신앙도 상당부분 디지털화 되었습니다. 여러 가지 매체를 통하여 언제든지 자신의 취향에 맞는 설교를 들을 수 있고 찬양을 들을 수 있습니다. 여러 가지 다양한 콘텐츠를 제공받을 수 있습니다. 방법은 디지털을 따라가지만 분명, 신앙은 아날로그입니다.

  기도는 무릎 꿇고 매달리며, 혹은 조용히 묵상하며 십자가를 바라보면서 하나님께 간구하는 것입니다. 때로는 오랫동안의 영적 싸움입니다.

  신앙에 있어서, 오히려 철저히 디지털을 끊어야 주의 영과 더 가까이 교통할 수 있지 않는가 생각해 봅니다. 그래야 한 단계 한 단계 주님을 알아가는 매력, 교통하는 기쁨을 맛볼 수 있습니다.

　때로는 내가 계획한 시간보다 훨씬 더 걸립니다. 때로는 훨씬 더 불편합니다. 주님은 결과에만 계시지 않고 과정 중에도 계시기 때문입니다.

남 웃기기

　나의 말에 상대방이 웃어주면 좋습니다. 그건 내가 평범하게 말하지 않았다는 증거이며 누군가에게 기쁨을 주었다는 증거이기도 합니다. 모두들 조용하게 있을 때에 한바탕 웃게 만드는 것이 유머의 능력입니다. 때로는 말꼬리를 잡고 웃기거나 황당한 에피소드를 이야기하기도 합니다. 거기에 독특한 표정을 가미하면 더 좋겠습니다. 웃을 준비가 되어 있는 사람들끼리, 마음 터놓고 이야기할 수 있는 사람들끼리 모여 있으면 그렇게 크게 노력하지 않아도 함께 웃을 수 있습니다.
　사람들은 상대방을 웃게 하려고 애를 씁니다. 남을 잘 웃게 만드는 것도 능력이지만 아무것도 아닌 것 같은 말에도 잘 웃어줄 수 있다면 그것도 능력이며, 그 사람의 복입니다.
　1주일 생활을 돌아보면서 얼마나 웃으며 지났는가를 생각해 보았

습니다. 딱히 배꼽을 쥘 만큼의 사건은 없었던 것 같습니다. 나 때문에 많은 사람이 웃은 일이나 집안에서 크게 웃은 일들이 별로 생각나지는 않습니다.

그래서 이제부터라도 생활습관처럼 웃을 일을 만들자고 생각해봅니다. 내가 노력할 일은 '애써 웃을 일을 만들자.', '스스로 많이 웃고, 많이 웃게 하자.' 입니다. 흔히 하는 말이 "웃을 일이 있어야 웃지요." 라고 합니다. 웃을 일이 자연적으로 생길 때에만 웃을 수 있다는 말입니다. 그러나 바꾸어 생각하면 웃을 일이 없더라도 애써 웃을 일을 만들면 되지 않을까요?

우리 가족끼리 차를 타고 가면서 가끔씩 싱거운 말로 아이들을 웃기려고 시도해 보았습니다. 그럴 때마다 아이들이 하는 말은 "아빠,

썰렁해요."입니다. 아마도 세대 차이 때문이겠죠? 그래도 감사한 것은 세 명 중에 한명이라도 웃는다는 것입니다. 그 노력은 분위기를 좋게 만들고 행복하게 만듭니다. 잘 웃는다는 것도 축복이요, 남을 잘 웃게 할 수 있는 것도 축복일 것입니다.

조선시대에 왕의 스트레스를 풀어주는 '웃음내시'가 있었다고 전해집니다. 웃음 내시의 역할은 임금에게 우스운 이야기를 해주거나 웃을 수 있는 상황을 만들어 줌으로써 스트레스와 근심을 날려버리도록 돕는 것이었습니다.

웃으면 찾아오는 유익은 단순히 건강만은 아닐 것입니다. 옛말에는 웃음을 통해서 복이 온다고 했습니다.

레이몬드 히치코크는 '만일 그가 여전히 웃을 수 있다면 그 사람은 가난하지 않다.'라고 했으며, 셰익스피어는 '그대의 마음을 웃음과 기쁨으로 감싸라. 그러면 1천 가지의 해로움을 막아주고 생명을 연장시켜 줄 것이다.'라고 말했습니다.

눈에 보이는 물질보다 한 번의 웃음이 주는 유익은 상당히 큽니다.

이제 좀 더 열심히 웃으려는 노력과 남을 웃게 하려는 데 관심을 가졌으면 좋겠습니다.

마음의 즐거움은 양약이라도 심령의 근심은 뼈를 마르게 하느니라.
잠언 17장 22절

사라가 이르되 하나님이 나를 웃게 하시니 듣는 자가 다 나와 함께 웃으리로다. 창세기 21장 6절

눈물

　눈의 바깥쪽, 위쪽에 있는 눈물샘[淚腺]에서 나오는 분비액. 그것을 눈물이라고 합니다. 눈물은 앞이 잘 보이도록 도와주는 액체인데, 그렇게만 정의할 수는 없는 것 같습니다.
　양파를 다듬을 때 흐르게 되고, 눈에 이물질이 들어갔을 때에도 흐르게 됩니다. 감동적인 드라마나 영화를 볼 때에 흐르게 되고, 소유하고 있던 많은 것들을 잃어버리게 될 때에 흐르게 됩니다. 사랑하는 사람을 멀리 보낼 때에 흐르게 되며, 갑자기 좋은 일이 생겼을 때, 가슴 벅찬 일이 생겼을 때에도 흐르게 됩니다. 자기 신세가 처량 맞아서 생각할수록 눈물이 흐르기도 합니다.
　어떤 때는 남이 볼세라, 애써 눈물을 감추려고 하며, 반대로 어떤 이들은 상대방의 마음을 얻으려고 없는 눈물을 흐르게 만들기도 합니다. 이 눈물에 따라서 정이 많은 사람과 냉정한 사람으로 평가되기도 합니다.

  때로는 참아야 할 눈물이 있으며, 때로는 흘려야 할 눈물이 있습니다. 울어야 할 때 눈물이 메말라서 걱정인 사람이 있는가 하면, 울지 말아야 할 때 괜히 흐르는 눈물 때문에 난감한 경우도 있습니다.

  바울은 로마서에서 즐거워하는 자들과 함께 즐거워하고 우는 자들과 함께 울라_{로마서 12:15}라고 권면하고 있습니다. 누군가를 위해서 눈물을 흘릴 수 있다는 것은 그 사람이 갖고 있는 아픔에 대한 공감이요, 그 사람을 위해서 할 수 있는 가장 가치 있는 일이라 할 수 있겠습니다.

  목회하면서 하나님은 내 일보다는 성도들이 당한 아픔과 어려움을 생각하면서 더 많은 눈물이 흐르게 하셨습니다. 고난 중에 있는 성도에게 목회자가 줄 수 있는 것이 너무 적어서 가슴 아플 때, 눈물이 흐르게 하셨습니다. 많은 것을 주고 싶지만 가진 것이 없을 때, 주님은 목자의 눈물을 요구하십니다.

  언제든지 목회자의 기도가 필요한 곳이 있으면 그곳에 있으려고 애써 왔습니다. 여러 번 가야 하더라도, 먼 곳이라 할지라도, 바쁜 일이 있더라도, 다른 사람이 갈 수 있더라도, 나중에 가도 괜찮은 경우라도, 피곤하더라도 애써 가려고 했습니다.

  '예수님이라면 어떻게 하실까?' 그 근본적인 질문을 던진 후, 주님께서 거절하지 않으셨을 그 행동을 실천합니다. 그리고 내 가슴이 메마르지 않고, 누군가는 생각하며 울 수 있음을 다시 생각하며, 예수께서 죽은 나사로를 살리실 때, 눈물을 흘리시더라요한복음11:35고 기록된 말씀을 이해하며 깊이 있게 다시 생각합니다.

지난 주, 성도님들의 눈물에 감사하며 행복했습니다. 주님을 더 사랑하고자 애쓰는 이의 눈물, 더 귀한 사역에 몸담고자 몸부림치는 이의 눈물, 과거를 돌아보며 회개하는 이의 눈물, 무엇이 중요한지를 알아서 그 사역을 감당하고자 눈물 흘리는 그 눈물을 주님께서 기뻐하시리라 믿습니다.

마음이란

　마음.

　이것은 밖에서는 잘 알 수가 없는 것입니다. 보이지도 않으며, 소리도 없으며, 여러 가지의 모습을 간직하고 있습니다. 이 안으로 들어가기는 더 어렵습니다.

　좋은 선물로 그 문을 열 수 있는 것이 아닙니다. 소리친다고 열리지 않습니다. 많은 시간을 함께 한다고 해서 열리는 것도 아닙니다. 권위로 열리는 것이 아니며, 여러 사람의 요청에도 꿈쩍하지 않습니다. 어떤 이의 것은 크고 단단하지만, 어떤 이의 것은 작고 여립니다. 보이지 않는다고 함부로 대해서는 안 됩니다. 가까이에 없다고 무시해서도 안 됩니다. 어린 사람의 것이라고 가볍게 대하면 더더욱 안 됩니다. 큰 상처로 남기 때문입니다.

　때로는 남의 것을 왜곡하고 때로는 자신의 것을 포장하며 전혀 다른 모습으로 난도질하고, 바꾸어 갑니다. 때로는 울고, 때로는 아파하고, 때로는 무겁고 때로는 행복합니다.

　상처.
　이것은 의도적인 말에 의해서 크게 흔적을 남깁니다. 이것은 지나가는 말로도 아픔을 둘 수 있습니다. 전혀 다른 장소에서 던지는 것은 터 큰 파장을 일으킵니다. 이것은 많은 세월이 지나면 회복되지만 꼭 그런 것만은 아닙니다. 두고두고 강도를 더해가며 괴롭히는 경우도 많기 때문입니다. 어떤 경우는 모든 삶을 정지시킵니다. 어떤 경우는 삶을 망가뜨리기도 합니다. 어떤 경우는, 정말이지 어떤 경우는, 더 풍성하고, 더 단단하고, 더 커지기도 합니다. 모래가 변하여 진주가 되듯이 말입니다.

　반응.
　넓은 마음을 품은 언어로 그 반응이 나타나면 좋겠습니다.
　"그럴 수도 있다."
　"괜찮다."
　"앞으로 좋은 일이 있을 거다." 등.
　자기 안에 있는 마음에 대한 긍정적인 반응, 그것이 가장 중요합니다.

외부로 자신의 마음을 활짝 열어 보십시오.
"자! 자! 다 들어오세요. 열렸습니다."

마음은……. 그리고 상처는……. 많은 이들의 것과 나눌 때에 건강해집니다. 내가 다른 사람에게 들어가고 다른 사람도 내 안으로 들여보내는 교류가 풍성하고 건강한 마음을 만들 것입니다.

다르다는 것

차이란?

검은색과 흰색의 차이, 빛과 그림자의 차이, 동양과 서양의 차이, 필리핀인과 한국인의 차이, 내성적인 사람과 외향적인 사람의 차이, 혼자서 일을 처리 하는 사람과 혼자서는 못 견디는 사람의 차이, 늘 바쁜 사람과 할일 없는 사람의 차이 등. 세상은 다른 것으로 되어 있습니다.

남여의 차이는 어떤가요? 서로 사랑해서 결혼하고 함께 살고 있습니다. 서로를 배려하며 아껴줄 마음을 가지고 시작했지만 서로간의 차이는 이해하기 어려울 정도로 크다는 것을 발견하였습니다. 이제 보니 왜 그렇게 속이 좁은지, 왜 그렇게 꼼꼼하지 못한지, 왜 그렇게 이해해 주지 못하는지, 왜 그렇게 쓸데없는 데 신경을 많이 쓰면서 살아야 하는지, 왜 그렇게 피곤하게 사는지 모르겠습니다. 이 차이는 성격의 차이에서, 혹은 수십 년 동안 각자가 살아온 문화적 환경의 차이에서 기인될 것입니다. 가정 형편의 차이, 도시와 시골의 차이, 대가족과 핵가족의 차이, 친구 구성의 차이 등과 같이 다양합니다. 그렇게 다른 환경에서 살아왔으니, 한 3년 싸우고도 모자라는 부부들이 많습니다. 아직 가야할 길이 먼 것이죠.

우리는 차이에만 집중할 뿐, 상대방을 이해하려고 들지 않습니다. "왜 그렇게 이해 안 가게 행동하는지 모르겠네."라고 누군가의 행동에 정의를 내리고, 때로는 아무 일 없는 사람을 죄인인양 취급하기도 합니다.

화합이란?
어느 누구든지 상대방을 받아들여야 하는 이유는 내 기준이 전부가 아니라는 사실 때문입니다. 상대방의 기준을 인정하는 것입니다. 내가 좋아하는 음식을 상대방은 싫어하고, 내가 가고 싶은 곳에 대하여 상대방은 관심 없고, 내가 하고 싶은 일에 상대방이 무관심할 수 있습니다. 그 차이는 화가 날 상황이 아니라, 서로 이해해야 할 부분입니다.

교회란?
서로 다른 사람들이 모인 공동체입니다. 직장, 취미, 고향, 성격,

나이를 비롯하여 너무나도 다른 사람들이 '믿음' 이라는 이름 아래 모였습니다. 그리고 함께 예배하고 사역해야 합니다. 주님께서 직업, 성격, 나이, 소속이 다 달랐던 제자들과 함께 하나님 나라의 사역을 했던 것처럼 우리도 온 성도가 서로의 차이를 품으며 하나님의 영광을 위하여 달려가야 합니다.

수용이란?
이 글을 읽으면서도 누군가가 떠오를 수 있습니다. 고집불통, 변하지 않는 그 사람이 또렷하게 떠오를 수 있습니다. '바로 그 사람이 변해야 한다.' 라고 생각하게 됩니다. 내 생각은 틀림없고, 문제의 원인은 내가 지적하는 그 사람에게 있다고 생각합니다. 그래서 주님은 답답해하십니다.

주님이 말씀하십니다.
"네가 변해라."
"당연하게 받아들여라. 알겠니?"
"예, 주님!"
시원스레 대답하고 나아가야겠습니다.

두려운 겸손

필리핀에 와서 내가 적극적으로 해보려고 시도하는 것은 '자가운전'입니다. 물론 길도 낯설고, 어려운 점이 있지만 남이 운전하는 차를 타는 것과 내가 직접 운전하는 것에는 많은 차이가 있기 때문입니다. 드라이버가 없을 때 밖에 나가는 것을 포기하지 않습니다. 내가 운전해서 목적지까지 갑니다. 운전하다 보면 전혀 예상하지 못했던 길이 나오는가 하면, 어떤 때는 막다른 길이 나오기도 하고, 또 어떤 때는 똑같은 길을 오가기도 합니다. 많은 시간을 손해 보기도 하고, 또 함께 차에 탄 사람들의 불평이 있지만 한번 간 길을 그 다음에 다시 가는 것은 쉽고 즐겁습니다.

마닐라 시내와 앙겔레스, 알라방 정도는 이제 자가 운전할 수 있게 되었습니다.

새로운 것을 접하는 것을 모험이라고 말한다면 굳이 큰 모험에 국한하지 않아도 될 것입니다. 삶이 모험이기 때문입니다. 우리는 묻습니다.

어떻게 히말라야를 등반할 수 있는지,

어떻게 남극이나 북극의 원정을 떠날 수 있는지,

어떻게 대륙횡단을 할 수 있는지,

어떻게 세계 일주를 할 수 있는지,

어떻게 번지점프를 할 수 있는지,

어떻게 래프팅을 할 수 있는지,

'도전'이라고 굳이 표현하지 않아도 세상은 무언가 새로운 것을 용기 있게 직면해야만 하는 것으로 가득 차 있습니다.

새로운 직장에 들어가야 하고,

새로운 사업을 시작해야 하며,

새로운 학교에 들어가야 합니다.

또한, 매일의 생활 속에서 용기를 내야 하는 일들이 생깁니다.

새로운 사람을 만나야 하며, 새로운 장소에 가야 합니다. 그리고 새로운 일을 접하는 마음이란, '두려움'입니다. 두려움이란 무엇일까요? 그것은 자신 없다는 마음에서부터 시작되는 것입니다. 내가 경험해 보지 못한 데서 생기는 것입니다. 그래서 조심스럽습니다.

교회 사역을 함에 있어서도 한 번도 해보지 않은 것 때문에 "자신 없습니다."라고 말씀하시는 분들이 있습니다. 그 표현은 두려움의

표현일 수도 있고 겸손의 표현일 수 있습니다.

　어쩌면 두려움과 겸손은 같은 표현일 수 있겠다는 생각을 갖습니다.

　이제 2009년이 되어서 남들이 가보지 않은 새로운 길을 다 같이 가게 되었습니다. 두려움의 마음과 "하나님의 도움이 필요합니다. 주님만을 의지합니다."라고 하는 겸손한 신앙이 필요합니다.

　그렇지만 멈추는 것도 아닌, 뒤돌아가는 것도 아닌, 앞을 향한 길입니다.

나이, 다시 생각하기

"빨리 어른이 되고 싶어요."

많은 아이들이 조금 더 빨리 어른이 되고 싶어합니다. 어린아이가 할 수 없는 것이 너무 많기 때문입니다. 빨리 어른이 되면 잔소리를 더 이상 듣지 않아도 될 것 같습니다. 공부를 안 해도 될 것 같습니다. 치마도 짧게 입을 수 있을 것 같습니다. 돈을 마음대로 쓸 수 있을 것 같습니다. 가고 싶은 곳을 내 맘대로 갈 수 있을 것 같습니다. 아직 어리다는 이유만으로 통제되는 것이 너무나 싫습니다.

어른들이 말합니다.

"너희는 너희들 나이가 얼마나 좋은지 모르지?"

언제부터일까요? 나이 드는 것이 싫다고 느껴집니다. 아마도 30대 후반부터가 아닐까요? 아니면 40대 후반? '그때가 좋았지, 혹은 다시 한번 옛날로 돌아가고 싶다.'라고 합니다. 해가 갈수록 더 강렬해지는 것은 왜일까요? 옛날 20대 초반의 사진을 보면서 그때의 몸매를 그리워하고 피부를 그리워합니다. 그때 함께 즐기던 것을 그리워합니다. 그때 공부를 열심히 하지 못한 것이 후회되어, 다시 한 번 시간을 돌릴 수 있으면 좋겠습니다.

그런데 아이들이 말합니다.

"나이 많은 것이 좋은 거예요. 마음대로 할 수 있는 것이 너무 많잖아요."

나이가 뭐기에, 그렇게 숫자에 민감해야만 하는지 모르겠습니다. 그렇게 자주 숫자를 떠올리면서 아쉬워해야만 하는지 모르겠습니다. 그렇게 정확하게 따지지 않아도 되는 것을 우리는 민감하게 반응할 때가 있습니다.

아름다운 나이! 누구에게든지 그 나이에 맞는 아름다움이 있습니다. 그건 아마도 최선을 다하는 사람에게서 볼 수 있는 것이라 할 수 있습니다. 어린 나이는 그 어린 나이대로, 중년의 나이에는 그 나이에 맞는 중후함이 매력입니다.

지난주 수요일.

CCC 총재인 김준곤 목사님의 메시지를 들었습니다. 부럽고 또 부러웠습니다. 85세의 나이에 강대상에 기대서 열정을 가지고 말씀을 전할 수 있다는 것이 어찌나 부러웠는지 모릅니다. 그분의 메시지에도 은혜가 있었지만 세상에서 가장 아름다운 노인이 아닌가 생각했습니다.

성경에서는 나이를 제한하지 않습니다. 아브라함은 100세에 아이를 낳았으며, 여호수아는 75세에 헤브론을 정복했고, 모세는 80세에 이스라엘 백성들의 지도자가 되었습니다. 사역을 시작하는 나이도 제한하지 않습니다. 어린 사무엘과 어린 다윗이 하나님 앞에 쓰임 받은 것을 보면서 자칫 나이를 언급한다는 것이 우리의 교만일지 모릅니다. 혹자는 나이에 대해서는 싸울때만 말합니다.

"너 몇 살이야?"

"나이는 허투루 먹었어?"

오늘, 내 나이는 그대로 너무나도 아름다운 것입니다. 스스로의 나이에 대하여 아름답게 말하고, 행복해하면 좋겠습니다.

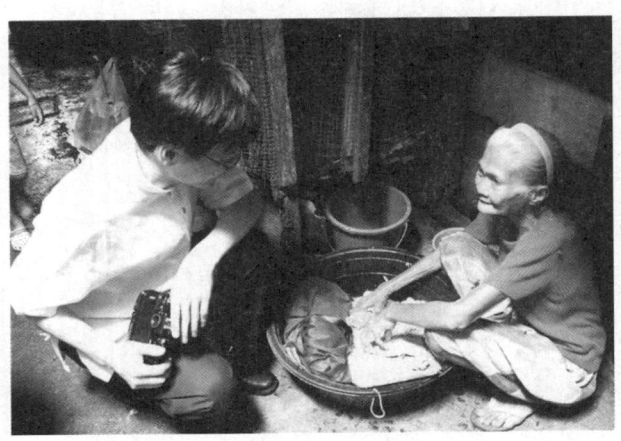

아, 망각이여!

　잊어버리는 생활에 대해서 생각해 봅니다. '그 사람 이름이 뭐였더라?' 꼭 기억해서 불러주고 싶은데 생각날 듯 하면서도 생각이 나지 않을 때가 있습니다. 잊어버리면 안되는데 말입니다.
　꼭 사야 될 물건이 있었는데, 몰(mall)에 갔을 때는 생각이 나지 않더니 집에 오니까 그제야 생각이 납니다.
　요즘 내가 왜 이렇게 깜박깜박하는지 모르겠습니다. 가끔 택시에 휴대전화기를 두고 내릴 때가 있습니다. 식당에 갔다가 우산을 두고 오는 것은 셀 수도 없이 많습니다. 우리집 우산은 거의 다 잃어버린 것 같습니다. '분명 여기 어디에 둔 것 같은데…….' 새벽기도에 가려고 자동차 열쇠를 찾는데, 보이지 않습니다. 늘 있던 곳에는 보이지 않습니다. 마침내 열쇠를 찾았지만 그날은 새벽기도에 조금 늦었습니다.

사람들 사이에서 일어난 일에 대해서도 이렇게 건망증 걸린 사람들처럼 쉽게 잊어버리면 좋겠다는 생각을 갖습니다. 무심결에 표현한 말인데 그 말을 담아두고 힘들어 할 때가 있습니다. 관심이 있다는 표현으로 혹은 기도하고 있다는 표현으로 한 말인데 상대방이 편안하게 받아들이지 않을 때가 있습니다.

잊어버려야 할 것이 있다면, 나도 상대방도 빨리 잊어버리면 좋겠습니다. "그런 뜻으로 한 말이 아닙니다. 정말로 생각해서 아끼는 마음으로 한 말입니다." 라고 말하더라도 잊혀지질 않는다면 어떻게 해야 하나요? 없던 것처럼 말끔하게 잊혀질 수 있었으면 좋겠습니다.

좋지 않은 어떠한 사건이 일정기간 동안 사람들의 기억에 남아있고 그것이 대화를 통해서 반복될 때가 있습니다. '내 좋은 의도만 남겨두고 안 좋은 일들은 다 잊어주면 좋겠는데.' 오히려 의도는 왜곡되 결과를 오랫동안 간직하는 것을 보면 마음이 아픕니다. '망각'의 능력을 어디에 사용하는지 모르겠습니다.

사람을 행복하게 하는 것은 기억해 줄것을 기억해 주고, 잊어버릴 것은 생각도 하지 않는 것입니다. 우리가 그렇게 하고자 할 때 하나님은 우리를 도와주십니다.

아니, 이미 우리 속에 그런 능력을 두셨습니다. 잊어버려야 할 것을 애써 생각해내려고만 하지 않는다면, 기억하고 있어야 할 것을

너무 무시하지만 않는다면 망각의 능력은 놀라운 힘을 발휘하게 될 것입니다.

12월 마지막 주일입니다. 애써 기억하지 않아도 될 것들, 떠올리면 아픈 것들, 2008년에 남겨두세요. 그러면 행복한 새해가 준비됩니다.

음식 먹는 방법

 살아가면서 맛볼 수 있는 행복의 시간 중 하나, 바로 '식사 시간'입니다. 사람마다 상황마다 그 음식을 먹는 방법들은 다양하리라 생각합니다. 가장 간단한 것은 허기를 채우는 것입니다. 배고픔의 상태를 넘기면 되는 것입니다. 기운이 없기 때문에 어떤 음식인지는 생각하지 않고 대충 먹는 것입니다. 이것도 아무튼 식사라고 말할 수 있을 것입니다.
 음식을 입으로만 먹는 것은 아닙니다. 색깔이 좋아야 합니다. 어떤 음식은 보기에도 맛있어 보입니다. 김치는 빨간색이 강렬하면 더 시원하고 맛있어 보입니다. 밥은 하얗게 기름기가 흘러야 합니다. 된장찌개는 너무 묽은 색보다는 진한 색, 사이사이에 하얀색 두부가 식욕을 돋웁니다. 일명 눈으로 먹는 음식입니다. 보통은 붉은색 계통이 강렬하면 더 맛있는 듯 느껴집니다.

향이 강렬하면 식욕을 돋울 수 있습니다. 식당에 들어가면서 맡을 수 있는 냄새가 사람을 기분 좋게 합니다. 식탁에 앉았을 때, 코를 음식 가까이 가져간 후에 숨을 크게 들이켜 보세요. 입안 가득히 침이 고이는 것을 느낄 수 있습니다.

그렇다면 귀는 어떨까요? 우리의 귀로 들을 수 있는 것은 삼겹살 굽는 소리, 찌개가 끓는 소리, 혹은 숟가락이 그릇에 부딪치는 소리들이 있습니다. 음악이 흘러나오면 더 좋을 수 있습니다. 반면에 식당에서 뛰어다니는 아이들의 소리가 없으면 더 좋겠지요?

어떤 이들은 영양가를 생각하면서 먹으면 더 맛있다고 합니다. "여기에는 화학조미료가 들어가지 않았습니다.", "웰빙 음식입니다.", "자연산입니다." 이런 소리를 먼저 들으면 왠지 더 좋은 음식인 것 같습니다.

먹는 양도 무시하지 못합니다. 배가 꽉 차서 더 먹을 수 없을 정도로 배를 채워야 비로소 맛있게 먹었다고 할 수 있습니다. 많이 먹으면 더 행복할 수 있습니다. 반대로 "차라리 안 먹으니만 못하다."라고 말할 정도로 아쉬운 마음이 들면 맛있게 먹었다고 할 수 없습니다.

어떤 이들은 혀는 상관없고 분위기로 먹는 사람들이 있습니다. 호수가 내려다보이는 곳, 바람이 적당하게 불어 주는 곳, 고전적인 인테리어에 전통음악이 흘러나오는 곳이면 음식의 종류는 별로 신경 쓰지 않습니다.

어떤 이들은 음식을 경제적으로 먹습니다. 내가 들이는 돈에 어떤 것이 나오는지를 꼼꼼하게 따져봅니다.

"이 돈이면 집에서 만들어 먹는 것이 더 낫다."

남이 먹는 것을 보고 배부른 사람도 있습니다. 남이 맛있게 먹어 주는 것을 행복으로 아는 사람들의 식사가 있습니다. 우리나라 사람들은 음식이 나오는 대로 다 먹는 것을 좋아합니다. 밥그릇을 비우고, 찌개를 깨끗이 비우면 맛있게 먹은 것입니다. 중국 사람들은 적당히 음식 남기는 것을 좋아합니다. 음식을 남겨야 잘 대접받은 것으로 여깁니다. 그러고 보면 과시하기 위해서 음식을 먹는 사람들도 있습니다.

이보다 더 중요한 것은 어떤 마음으로 먹느냐 하는 것이겠죠? 쫓기는 듯이 허겁지겁 먹는다면 소화가 될 리 없습니다. 잔소리를 들어가면서 먹는 것도 좋은 것은 아닙니다. 누구와 먹느냐 하는 것도 중요합니다. 사람들은 누군가에게 식사접대를 하고 싶어 합니다. 물론, 좋은 계약을 성사시키기 위해서 식사자리를 만들기도 합니다.

존경하는 사람에게 작은 보답을 하기 위해서 먹는 식사도 좋습니다. 성적이 잘 나온 아이들을 격려하기 위해서 가족과 함께 먹는 식사도 좋습니다.

예수님은 마리아의 가정에서 행복한 식사를 하셨습니다. 가난한

자들과 세리들과 격 없이 식사를 하셨습니다. 오늘, 누구와 어떤 식사를 할 수 있을까요? 누군가를 행복하게 할 수 있으며, 내가 행복할 수 있는 시간이 식사시간입니다.

행복한 식사를 계획하면 좋겠습니다. 주님과 함께 하는 식탁, 누군가를 위해서 기쁨으로 초대하는 식탁을 준비해야겠습니다.

I'm OK

아이티에 강한 지진이 발생하여 수많은 사람들이 삶의 터전과 생명을 잃었습니다. 전 국민 천만 명이 채 되지 않는 작은 나라에서 이미 11만명 이상의 시신이 발견되었고, 앞으로의 길은 더 막막합니다.

지진이 발생한 직후 가족들을 아이티에 보낸 사람들, 해외에 있는 사람들이 소식을 궁금해하며 안타까워했습니다. 뉴스를 통해 처참한 소식만을 접할 뿐, 가족의 상황을 알 수 없었습니다. '과연 내 자녀는 어떻게 된 것인가?' 피가 마르는 시간이 얼마간 흘렀습니다.

어느 가족에 대한 이야기가 있습니다. 미국 로드아일랜드 주(州) 이스트그리니치의 조안 프루돔과 남편 스티브는 지진 소식을 듣자마자 아이티에서 봉사활동을 하고 있는 딸 줄리에 대한 걱정으로 가슴이 내려앉았습니다. 그러나 이들 부부는 지진이 발생한지 몇 시간 쯤 지나 전송된 짤막한 문자메시지를 보고 안도의 한숨을 내쉴 수 있었습니다.

이 문자메시지는 딸 줄리가 보낸 것으로 "나는 무사해요(I'm OK)." 단 두 마디였습니다. 길게 상황 설명을 하지는 않아도, 목소리를 직접 듣거나 얼굴을 마주 보지는 않아도 충분히 안심할 수 있는 문자입니다. I'm OK. 이 짧은 문자 메시지는 그가 살아있다는 말입니다. 이 문자 메시지는 내 걱정은 하지 않아도 된다는 말입니다. 이제 만날 수 있다는 말이기도 합니다.

지진은 아닐지라도 우리는 위험이 많은 세상에 살고 있습니다. 아침에 집 나가면서도 차 조심하라는 말이 예사말이 아닙니다. 멀리 타국에 따로 떨어져 있는 자녀를 생각하면 마음이 놓이지 않는다는 부모들도 많습니다. 공부는 잘 하고 있는지, 필리핀이 위험하다고 하는데 정말 잘 있는 것인지, 가끔 필리핀 어느 지역에 사건이 발생했을 때, 내 자녀가 있는 곳이 아닌지, 홍수의 피해는 없는지 안심하지 못하는 것입니다. 아마 부모 된 마음은 다 같을 것입니다.

이 상황에서 가장 반가운 소리가 "I'm OK!" 입니다. 나는 누군가의 "I'm OK!"이기를 바랍니다. 주님을 조마조마 하게 하지 않는 성도, 가족들을 조마조마하게 하지 않는 우리들, 모든 사람들에게 안심이 될 수 있기를 바랍니다. 어딜 가든지 든든하게 말입니다.

아니, 반대로 주님께서 우리에게 확신을 주십니다.

"너는 아무 일 없을 것이다."
"You will be OK!"
어떤 상황 가운데서도 든든하게 지켜주십니다. 이 확신을 가지고 삽니다.

언어에 색칠하기

　우리의 말에 색깔을 칠한다면 어떤 색들이 있을까요?
　'새빨간 거짓말……' 누군가의 말에 진실이 담겨 있는 줄 알았는데 나중에 알고 보니 사실이 아니었습니다. 그가 하는 말은 강도가 쎈 거짓말, 의도적인 악한 거짓말이었습니다. 그 말에 색을 입힌다면 **빨간색**입니다.
　그런가 하면, 겉은 하얀색인데 속은 검은색일 수 있습니다. 겉과 속이 다른 사람에 해당될 것입니다. 늘상 자신의 모습을 하얗게 꾸미는 사람, 그럴듯한 말로 포장하지만 솔직하지 못한 사람이 여기에 해당할 것입니다. 주님께서도 바리새인들을 향하여 '회칠한 무덤'이라고 책망하셨습니다. 겉은 회를 칠하여 하얀색인데, 속은 시체가 썩은 것처럼 검은색이라는 것입니다.
　반대로, 겉은 차가운 색인데 속은 따뜻하고 온화한 색일 수 있습니다. 알면 알수록 정감 있는 사람이 이런 경우입니다. 첫 인상만으로 사람을 평가하지 말아야 할 이유가 여기에 있습니다.

누군가의 마음을 시원하게 해 주는 말은 푸른색에 비유할 수 있을까요? 답답하다가도 그 사람만 만나면, 그 사람의 말을 들으면 시원해지는 것입니다. 자주 전화해도 좋은 사람입니다.

사람을 배려한 색깔은 무슨 색일까요? 사전적 정의는 없습니다. 나름대로 좋아하는 색이 그것에 해당 될 것입니다.

'배려가 담긴 색……'

언젠가 산에 오르면서 사람들의 인사를 나름대로 구분해 보았습니다. 산을 내려오는 사람들이 저마다 한마디씩 합니다.

"안녕하세요"

"반갑습니다."

"힘 내세요, 조금만 더 가면 됩니다."

반가움과 격려의 인사입니다.

어떤 분들은 사실대로 말하는 분이 있습니다.

"지금 오신 것보다 더 많이 올라가야 합니다."

이 말을 들으면 올라가던 사람의 기운이 쭉 빠집니다. 한참을 올라왔고, 이제 더 올라갈 힘도 없을 때 그런 말을 들으니 포기하고 내려가야 할 것 같습니다.

사실대로 말하는 것이 오히려 기운을 빼게 할 수 있습니다. 힘들게 산에 오르는 사람에게 "정확하게 2.3km 남았습니다. 지금부터 올라가는 길은 경사가 심합니다. 각오 단단히 하셔야 할 것입니다." 분명 틀린 말은 아닙니다. 그렇지만 그 말이 누군가를 힘들게 할 수도 있습니다.

상대방에게 용기를 주기 위해서 조금 과장되게 하는 말도 있습니다.

"무척 잘 하시네요."

"산에 많이 다니셨었나 보네요."

거짓말인 것 같지만 기분 나쁘지 않은 말, 나중에 알게 되더라도 기분 좋은 말이 있습니다.

바라기는 내 중심으로 말하느냐, 아니면 상대방을 생각해서 말하느냐 하는 데 있습니다.

"이게 다, 당신을 생각해서 하는 말이야."라고 하는 말 속에 내가 못 참고 하는 말이 있습니다. 그저 나는 말하지 않고는 못 견디는 사람일 뿐인데 그럴 듯하게 "이게 다 너를 위해서 하는 말이야, 기분 나쁘게 생각하지 마."라고 합니다.

아름다운 언어의 색은 사실이냐, 아니냐에 있기 보다는 상대방의 마음까지 헤아리느냐, 그렇지 않느냐에 있습니다. 내 중심이냐, 상대방 중심이냐 하는 것입니다.

예수님의 언어를 기억하시나요? 두 렙돈의 헌금을 드린 과부를 향하여 "다른 사람보다 많이 넣었다."라고 하셨습니다. 숫자로 표현하지 않으시고 정성을 평가하셨습니다. 주님은 우리의 행동을 사실대로 평가하고 책망하지 않으십니다. 우리가 하나님께 마음 쓰는 것을, 누군가를 배려하는 것을 칭찬하십니다.

주님의 한없는 배려가 나를 너그럽게 용납하시고, 또 과하게 격려하신 것처럼 우리도 누군가를 향하여 너그러운 언어를 사용하면 좋겠습니다.

습관 고치기

깜빡 잊어버리는 것.

내가 계획한 것은 아니지만 그것은 상대방을 불쾌하게 할 수 있습니다. 나중에 처리하려고 미루었다가 영영 잊어버리는 경우도 있습니다. 깜박 잊어버리는 것 중에, 펜이 있습니다. 내 주변에 펜이 항상 있어야 합니다. 책상에든, 차에든, 옷에든 펜이 있어야 합니다. 그래서 나는 항상 양복 안주머니에 펜을 넣고 다닙니다. 양복을 만져봤을 때 안 호주머니에 펜이 없으면 마음이 편치 않습니다. 강대상에 앉아 있을 때에도 손을 양복 바깥쪽에서부터 가져다가 펜이 있는지 확인을 합니다. 그래야 갑자기 생각난 것을 메모할 수 있기 때문입니다.

어느 날 맡긴 양복을 찾으러 갔을 때 세탁소 점원이 펜 하나를 나에게 건네준 적이 있습니다. 양복 안주머니에 있던 펜을 보관하고 있다가 준 것입니다. 펜이 내게서 떠난 것이 거의 없고, 내가 사용하는 펜이 부족한 적이 없었습니다. 그렇지만 자주 잃어버립니다. 그래서 취한 방법은 펜을 박스 단위로 구입해서 서랍에 넣어 놓습니다. 잃어버리는 대로 새 펜을 사용하는 것입니다.

몇 년 전, 서울에 있는 교단 사무실에 업무차 갔던 적이 있었습니다. 서류 작성하는데, 테이블 위에 놓여있던 볼펜을 사용했습니다. 그 펜에는 사람들이 가져가지 못하도록 "재단사무국" 라벨이 붙어 있었습니다. 순간, '이런 데 와서까지 사무국의 볼펜을 가지고 가는 사람도 있나' 라는 생각을 했습니다. 업무를 마치고 교회로 돌아왔을 때 나는 깜짝 놀라고 말았습니다. 제 양복 호주머니에 보지 않던 펜이 있었습니다. 라벨도 붙어 있었습니다. "재단사무국!" 순간, 당황스러웠습니다. 펜을 사용하고 무의식 중에 안 호주머니에 넣은 것입니다. 돌려줄 방법이 없습니다. 100원짜리 볼펜 때문에 다시 서울로 갈 수도 없는 노릇이었습니다. 그때부터 '나도 남의 볼펜을 말 안하고 가져갈 수 있는 사람'임을 생각했습니다.

지난 주, 학원에서 영어공부를 하면서 펜을 가지고 가지 않았습니다. 공부를 시작할 때 내게 펜이 없는 것을 알았습니다. 할 수 없이 가르치는 필리핀 영어 선생님에게 펜을 빌렸습니다. 그리고 요청하기를 "혹시 내가 무의식 중에 이 펜을 가지고 갈 지도 모르니 수업이 끝났을 때 펜을 달라고 하세요."라고 정중하게 말했습니다. 수업이 끝났을 때, 선생님이 묻습니다. "내 펜이 어디 있지요?" 그 질문과

더불어 확인해 보니, 내 양복 안주머니에 이미 들어가 있었습니다.

　모르고 가져갔을 경우, 나중에 돌려줄 수도 있었겠지만 내가 실수할지도 모르기에 미리 대응책을 마련하는 것도 좋겠다는 생각을 갖습니다.

　아무리 작은 것이라도 내가 실수할 수 있음을 생각합니다. 실수가 반복되어서 습관이 되면 안 될 것입니다. 누군가에게 미리 도움을 구하는 것도 좋은 방법임을 생각하게 되었습니다. 혹시, 더 큰 습관은 없는지 더 큰 죄가 내 안에 깊숙이 들어와 있지는 않는지를 생각해야 하겠습니다.

생각을 두는 곳은 어디인가요?

지난 수요일에는 내가 납득할 수 없는 행동을 하고 나서 멍하니 앉아 있었습니다.

그날은 무척 바쁜 날이었습니다. 피곤한 날이기도 했구요. 화요일의 피곤이 채 풀리지 않은 상태였습니다. 전날 밤 늦게까지 청소년부 수련회에서 설교하고, 기도회 인도하고, 안수기도를 마치니 피곤이 밀려왔습니다. 집에 돌아온 시간이 12시를 넘긴 때였습니다. 다음 날 아침에도 피곤이 덜 풀렸음을 알게 되었습니다. 그렇지만 마냥 쉬고만 있을 수 없었습니다. 그날의 일정이 많았기 때문입니다.

아침부터 머릿속에 그날의 일정을 되짚어 보았습니다. 세례자 교육을 마치고, 점심 약속, 이후에는 새가족 심방과 수요기도회가 있었습니다. 덤으로 수요기도회를 마치고 회의가 예정되어 있었습니다. 그렇기에 아침부터 서둘러서 준비하고 주차장으로 갔습니다. 마음이 급했습니다. 그런데 운전석에 앉자마자 아내에게서 전화가 왔습니다. 둘째가 치과에 가야 하니 데리고 가라는 것입니다. 알았다고 대답했습니다. 그 전화를 받을 때까지만 해도 올라가서 둘째를 데리고 가려했습니다. 그래서 아들에게 로비로 내려와 있으라고 했습니다.

그런데……, 그런데 말입니다. 지하주차장에서 로비쪽으로 올라가는 동안 아들을 태우고 가야 한다는 사실을 까맣게 잊었습니다. 단 1분 만에 말입니다. 그날 일정에 대해서 생각하다가 아들 생각을 까맣게 잊었습니다. 교회에 도착한 뒤에 아내의 문자를 받았습니다. 그제야 아들을 데리고 오지 않았다는 사실을 깨달았습니다.

세상에! 이런 매정한 아버지가 또 있단 말입니까? 아버지의 차를 타려고 로비로 내려온 아들은 아버지를 애타게 찾았다는 것입니다. 실망하여 다시 집으로 들어갔다는 것입니다. 그때, 내 마음의 허탈함이란 이루 말할 수 없을 정도였습니다.

거기서 끝나지 않았습니다. 그날 점심식사의 일정이 변경되었습니다. 원래 만나려고 했던 분들은 길이 막혀서 못 오시고, 다른 분들과 식사를 하게 되었습니다. 세례교육을 받은 청년과 전도사님을 포함하여 몇 명이서 식당으로 갔습니다. 식사를 마치고 식당을 나오면서 함께 식사한 분들과 교회로 돌아오게 되었습니다. 걸어서 교회로 갈 것이냐, 차를 타고 갈 것이냐를 결정하지 못했습니다. '가깝기도 하고, 배가 부르니 걸어가는 것이 좋겠다.'는 의견과 '아기가 있으니 차를 타고 가자'는 의견으로 나뉘었습니다. 결론은 아기가 있으니, 차를 타고 가자는 것이었습니다. 나는 일행에게 정문쪽에서 기다리라고 말한 뒤 주차장으로 내려갔습니다. 그리고 주차장을 나오면서 그대로 교회까지 오고 말았습니다. 일행은 그대로 식당 앞에서 서 있었고, 나는 다음 일정을 생각하며 교회로 온 것입니다. 교회 앞에서 전화를 받았습니다. 주차장에서 뭐하고 있느냐는, 빨리 나오라는 전화였습니다.

그들은 교회까지 걸어오면서 나를 어떻게 생각하였을까요? "도대체 목사님은 정신을 어디에 두고 계신 거야?"라고 했을까요? 웃고만 말았을까요?

머릿속에 다음 일정만 있고, 그 사이에 다른 할 일이 갑자기 끼어들면 갑자기 힘들어질 때가 있습니다. 정신을 어디에 두고 사는지 모를 때가 있습니다. 상황은 항상 변수가 있을 수 있으며, 내 예정대로 되지 않을 수도 있습니다. 어떤 상황이든지 끼어들었을 때 자연스럽게 받아들일 수 있는 여유가 필요한 듯 합니다.

여유를 잃지 말고, 꼭 해야 할 일은 하면서 살아야하겠습니다. 그것은 정신을 딴 데 두고 살지 않는 것입니다.

2010년, 올 한해 정신을 어디에 두고 사셨습니까?

'정신없이' 살았습니까? '정신 못 차리고' 살았습니까? '정신 모르고' 살았습니까? 아니면 '정신 쏙 빼놓고' 살았습니까?

어찌 되었든 이제 또 다시 정신을 차릴 때입니다. 새해는 이유 없이 분주하지 않았으면 좋겠습니다.

정신 안에서 성령이 일하시게 하십시오. 성령께서 여러분의 정신을 찾으러 정신없이 다니시지 않도록 …….

시간늘이기

내가 시간을 정할 수 있으면 얼마나 좋을까요?
내 청춘의 시간을 더 길게 할 수 있다면,
나이 드는 것을 조금 더 늦출 수 있다면,
은퇴의 시간을 조금 더 늦출 수 있다면,
공부하는 시간을 더 가질 수 있다면,
내 사랑의 시간을 조금만 더 가질 수 있다면,
사랑스런 내 자녀의 어릴 적 모습을 조금 더 가질 수 있다면,
내 행복의 시간 그대로, 멈춘 상태로 조금 더 가질 수 있다면, 얼마나 좋을까요?
요즘 들어, 시간을 붙잡아둘 수 있으면 좋겠다는 생각을 해보았습니다.
시간이 아깝습니다. 하나님께서 허락하신 시간이 우리에게 정해

져 있음에 아쉬움이 많이 남습니다.

파견근무 때문에 3년, 혹은 4년의 시간이 정해져 있는 분들. 이제 막 마음이 열리고, 힘 있게 신앙생활 할 수 있게 되었는데, 또 다른 나라로 파견이 되거나, 고국으로 돌아가게 됩니다. 그 짧은 시간도 귀하지만 더 길게 할 수 있으면 좋겠습니다. 함께 주님을 위해서, 멋지게 교회를 위해서 일할 수 있으면 좋겠다는 생각도 해 봅니다.

지난 주, 필리핀에 새로 오신 가정에 심방했습니다. 올해, 아흔살 되시는 성도님이십니다. 필리핀에 온 이후로 최고령 심방이었습니다. 한국에서는 100세 가까이 되신 분들도 자주 심방을 했지만, 이곳 필리핀에서는 처음입니다. 심방을 하기 전에는 어떤 분이실지 잘 몰랐습니다. 아마도 나이에 대한 선입견을 가질 수도 있었을 것입니다. 눈은 잘 보이실까? 귀는 잘 들리실까? 기억은 또렷하게 하실까? 건강의 정도는 좋으신 것일까? 이런 것들 말입니다.

그런데 예배를 드리는 동안, 찬송가를 보실 수는 없었지만 따라서 부르시는 모습에 은혜가 되었습니다. 마지막 주기도문을 할 때는 내 귀를 의심했습니다. "하늘에 계신 우리 아버지여……." 너무나도 분명하게 말씀하시는 것을 들을 수 있었기 때문입니다.

예배를 마친 후 대화를 나누면서 성품이 고우시다는 것, 아름답다는 것을 알 수 있었습니다.

성도님의 말씀에 따르면 기독교학교에 다니실 때에 예배드리던 기

억이 분명하게 남아있다는 것입니다. 학과 수업은 소홀히 하더라도 야단맞지 않았는데, 성경을 열심히 공부하지 않으면 교수님으로부터 야단을 맞았다는 것입니다.

피아노를 전공하셨지만 손을 놓으신지가 오래되셨다고 합니다. 아흔의 고령이지만 시간을 조금 더 늦출 수 있으면 좋겠다는 생각을 해보았습니다. 이제 막 신앙생활을 새롭게 시작하셨는데, 더 깊은 은혜에 들어갈 수 있으면 좋겠다는 생각, 다시금 피아노 연주를 하실 수 있으면 좋겠다는 생각에 이르면서 조금 더 시간을 붙잡을 수 있으면 좋겠다는 생각을 하게 된 것입니다. 더 늙지 않으셨으면, 하나님께서 허락하신 시간들을 무엇으로 채울 수 있을까요? 시간을 늦출 수 없다면, 시간을 붙잡아 둘 수 없다면 우리에게 주어진 시간을 쪼개서 사용하는 것도 좋은 방법 중 하나일 것입니다.

마닐라한인감리교회에서 목회하면서 늘 생각하는 것은 '누구든지 우리교회에서 신앙생활을 하시는 분들은 빠른 시간 안에 사역의 자리에 서게 하자. 우리 교회에서의 3년 신앙생활이 한국 교회의 10년처럼 되게 하자' 는 것입니다. 짧은 시간에 준비되고, 짧은 시간에 사역에 투입되고, 짧은 시간에 열매 맺는 것입니다. 우리 교회에서의 1년은 세상 어디에서보다 더 알차게 채우는 1년입니다.

그래서 시간을 오래 갖는 것보다 짧은 시간을 더 가치 있는 시간으로 만드는 것입니다. 아까운 시간들을 좀 더 길게 늦추는 것은 불

가능하지만, 우리에게 주어진 시간을 더 많은 것으로 소중한 것으로 가득 채울 수는 있을 것입니다.

여러분은 얼마나 오랫동안 필리핀에 머무실 것인가요? 그 시간이 가치 있는 것들로 채워지기를 기대합니다.

감사의 글

　필리핀 마닐라에서 이민목회를 시작하면서 한 주일에 한 토막의 글을 써 왔습니다. 거의 매주일 그 글을 주보에 담았습니다. 그 글들은 최대한 읽는 이들과 공감할 수 있도록 다듬었습니다. 필리핀 이민생활을 하는 사람이라면 쉽게 같은 느낌을 가질 수 있는 내용들로 담으려고 노력했습니다. 외로움과 아픔의 느낌이며, 일상에서 부딪치는 일들을 기록하면서 있는 현장에서 최대한 '공감'을 나누고자 하였습니다. 특별히 좋은 면들을 담고, 하나님의 마음을 담으려고 했습니다.
　이렇게 4년 동안 매주 쓴 칼럼을 정성스럽게 모은 성도가 있었습니다. 그 글을 또 다른 사람이 읽게 하였습니다. 이 책은 나의 글을 읽으며 공감하는 사람들의 응원 때문에 나오게 되었습니다.

필리핀에서의 삶, 그 현장 한가운데서 함께 호흡하며 힘을 더해준 마닐라한인감리교회의 성도들에게 마음 깊이 감사를 드립니다. 또한 부목사로 사역한 이후로 꾸준히 관심과 기도로 힘이 되어 주신 하늘중앙교회 유영완 목사님과 성도님들에게도 감사를 드립니다. 목회의 여정에서 든든한 힘이 되어주신 이기철 목사님, 조중기 목사님 그리고 이찬복 목사님께도 감사를 드립니다. 책이 출판될 수 있도록 도와주신 목원 선교사들을 돕는 선교회인 두렙돈 선교회와 그 선교회에서 만드는 계간지 《M스토리》 주간 장지철 목사님께도 감사를 드립니다.

언어와 문화가 전혀 다른 필리핀으로 따라와 주고 열심히 적응하며 이겨나간 사랑하는 세 아이 현목, 현민, 신영에게도 고마운 마음을 전합니다. 아울러 강원도 산골교회에서부터 필리핀 이민교회까지 함께 하며 곁에서 응원해 준 아내에게 감사의 마음을 전합니다.

2012년 11월에
필리핀 마닐라에서 김낙경 목사